'evasion

En application de l'art. L.137-2.-I. du code de la propriété intellectuelle, toute reproduction et/ou divulgation de parties de l'œuvre dépassant le volume prévu par la loi est expressément interdite.

© Anaïs Trouille, 2025

Édition : BoD · Books on Demand, 31 avenue Saint-Rémy, 57600 Forbach, bod@bod.fr
Impression : Libri Plureos GmbH, Friedensallee 273, 22763 Hamburg (Allemagne)

ISBN : 978-2-3225-3499-9
Dépôt légal : mai 2025

Anaïs Trouille

@plume.itinerante sur Instagram

illustrations : réalisées par l'autrice

avant de t'aventurer plus loin
voici quelques règles d'or
pour transformer ce livre
en compagnon de voyage unique…

the rules

règle numéro 1 : emmène-le en voyage avec toi
ce livre est ton compagnon d'aventures. glisse-le dans ton sac et laisse-le découvrir le monde à tes côtés.

règle numéro 2 : écris, colorie et laisse-toi porter
ce livre t'appartient autant qu'il m'appartient. n'hésite pas à écrire sur les pages, noter tes pensées, dessiner tes rêves et peindre tes aspirations.

règle numéro 3 : lis-le lentement
savoure chaque page. ce livre n'est pas une course, mais une promenade.

règle numéro 4 : laisse-le te surprendre
ouvre une page au hasard quand tu en ressens le besoin, et laisse les mots résonner avec ta journée.

règle numéro 5 : partage-le avec quelqu'un
si un passage t'inspire, montre-le à un ami, un compagnon de voyage, ou même à un inconnu rencontré sur le chemin.

règle numéro 6 : ne le garde pas trop propre
un livre de voyage doit vivre avec toi : froissé, un peu taché, rempli de souvenirs. chaque marque est une preuve qu'il t'accompagne dans tes aventures.

règle numéro 7 : c'est un livre vivant
ce livre n'est jamais réellement fini... revisite-le quand tu le veux et découvre son évolution en même temps que la tienne au fil du temps.

un voyage
une année
une transformation

décollage du 1er jour de l'année
1er janvier

es-tu prête
à naviguer dans des paysages escarpés
à la découverte de nouvelles constellations
dans ta nature la plus profonde
protégée, presque inexplorée
en cette nouvelle année
il est temps
ton évasion vient de commencer

flight du 2ème jour
2 janvier

évasion

français

action de partir rêver
dans les lieux inhabités
de nos pensées
sur un nuage ou en voyage
la tête posée sur un mirage
s'enfuir de sa maison
pour enfin découvrir l'horizon

aube du 3ème jour
3 janvier

partir ou rester
le premier m'a donné l'opportunité
je l'ai embrassée avec légèreté
comme si c'était la vie
qui me l'avait soufflée
pars, mais *surtout vis*

— *comment tout a commencé*

check-list du 4ème jour
4 janvier

à prendre pour ton évasion :

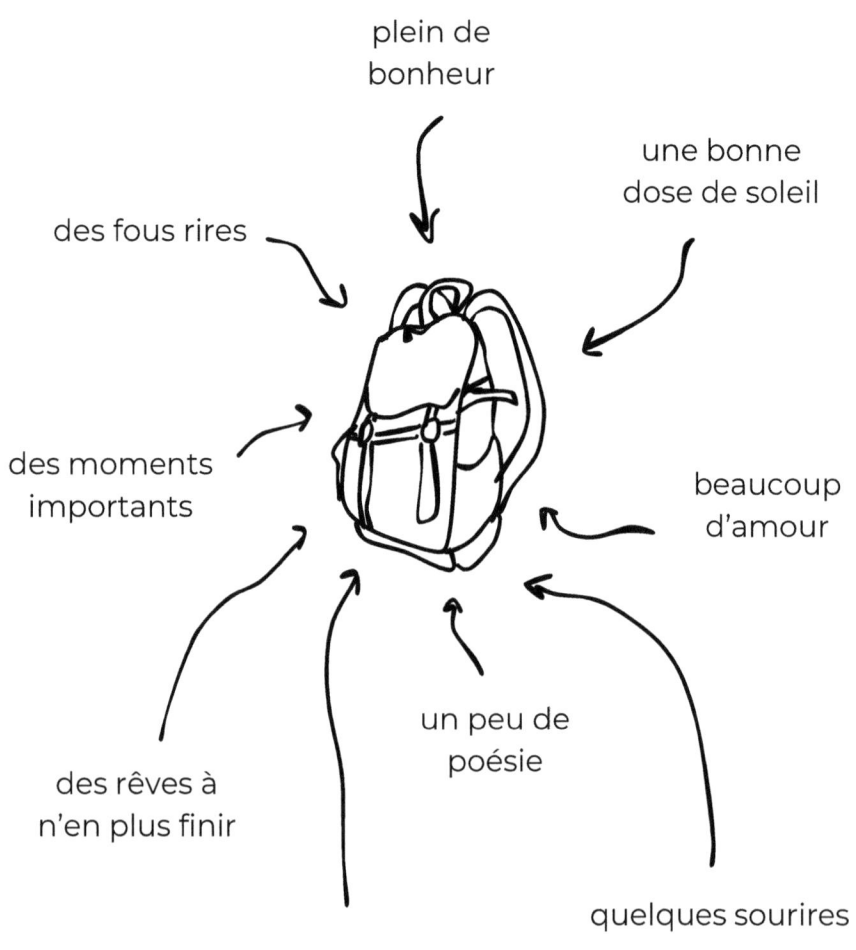

aveu du 5ème jour
5 janvier

je crois que je suis malade
atteinte d'un trouble profond
qui m'empêche *d'appartenir*

j'ai la maladie de la bougeotte
une envie permanente
de prendre la route et *m'évader*

curiosité du 6ème jour
6 janvier

je veux simplement explorer

résolution du 7ème jour
7 janvier

chère moi,

dans quelques mois
tu verras
tu n'y croiras pas
mais tu vas y arriver
et en plus de ça
tu seras fière
très fière

quiétude du 8ème jour
8 janvier

et un jour, tu la trouves
cette paix tant convoitée
et d'un seul coup
le monde te paraît différent
mais en réalité
c'est toi
qui as changé

prescription du 9ème jour
9 janvier

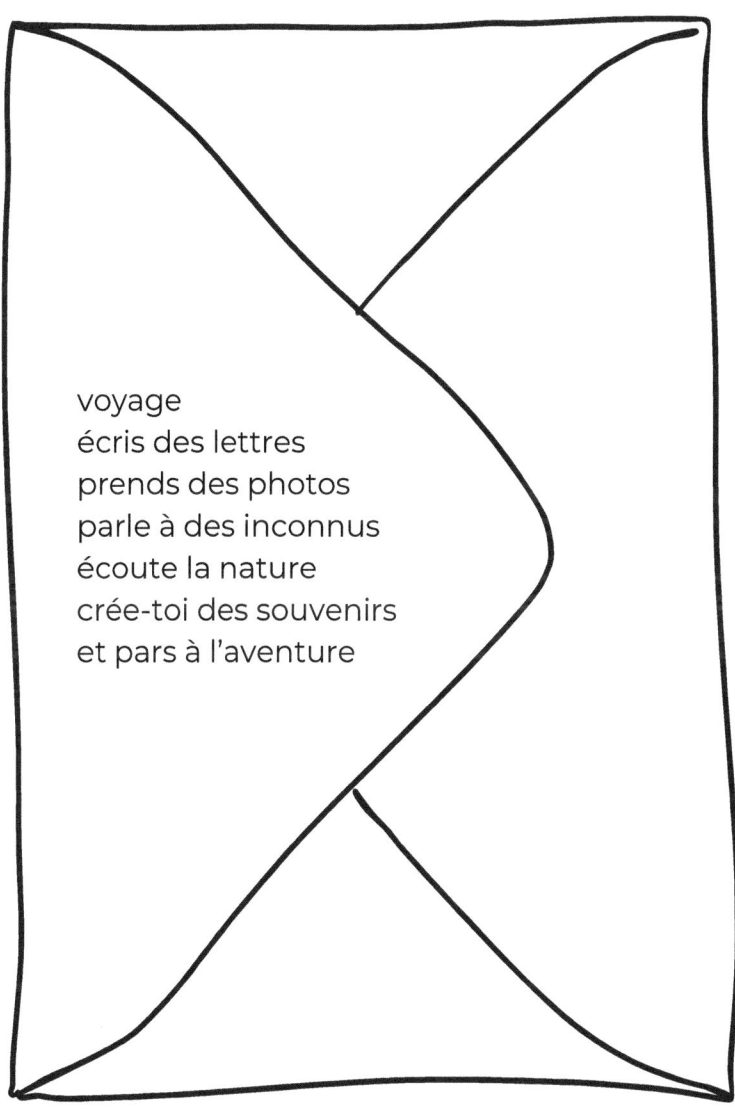

voyage
écris des lettres
prends des photos
parle à des inconnus
écoute la nature
crée-toi des souvenirs
et pars à l'aventure

perception du 10ème jour
10 janvier

CRÉE-TOI DES SOUVENIRS

à 79 ans, tu ne penseras plus à faire de l'argent ou à acheter le dernier iPhone en vogue. à 79 ans, tu voudras te balader tranquillement dans les quartiers de ta ville préférée, tu resteras tard le soir pour observer les étoiles en te rappelant que tu étais sous le même ciel il y a 60 ans. tu souriras à pleines dents et une larme viendra se mélanger à la pluie de souvenirs qui t'assaillent. tu verras le visage de tous les gens que tu as croisés sur ton chemin, tous ces étrangers qui un jour t'ont aidée, tous ces amis qui sont encore à tes côtés et tous ceux qui sont dorénavant dans le ciel en train de scintiller. alors chéris la vie et voyage, crée-toi des souvenirs.

question du 11ème jour
11 janvier

ils lui ont demandé

"qu'est-ce que tu fais quand tu ne vas pas bien ?"

elle leur a répondu, le sourire aux lèvres

"je voyage"

— *change d'horizon*

suspension du 12ème jour
12 janvier

j'ai besoin d'une pause
m'éloigner de la réalité

expédition du 13ème jour
13 janvier

viens danser la liberté
embrasser l'inconnu
découvrir la beauté du monde
au travers de ce bout de femme
empruntant le chemin de l'âme
qui prend une infime embrasure
comme un signe
pour partir à l'aventure

témoignage du 14ème jour
14 janvier

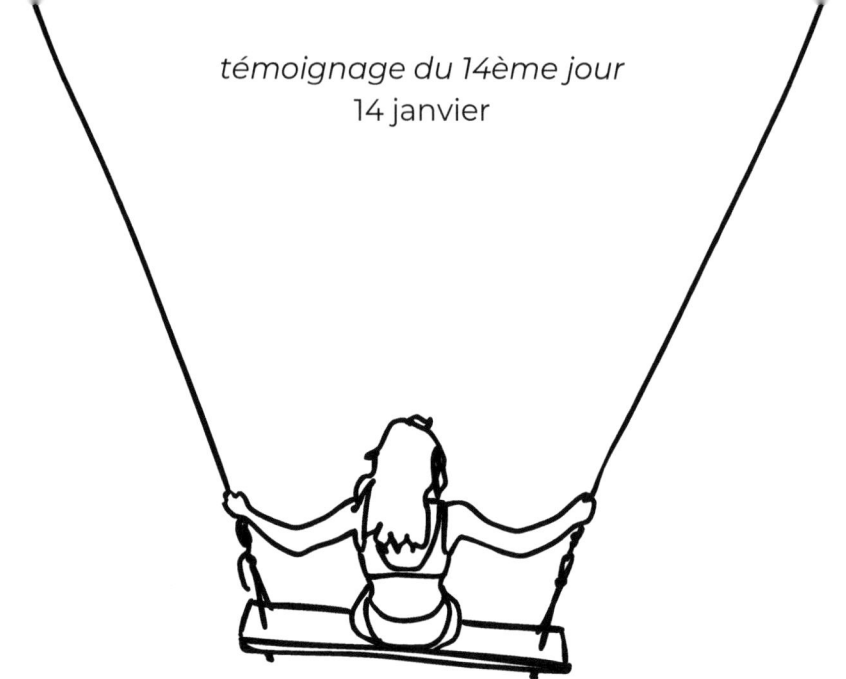

je suis une vagabonde de rêves
une chanteuse de liberté

invitation du 15ème jour
15 janvier

dix bonnes raisons de voyager :

1. apprendre, encore et toujours
2. vivre des aventures inoubliables
3. être qui l'on veut, sans jugement ni perdant
4. parce que la vie est trop courte pour ne pas être vécue
5. rencontrer des personnes merveilleuses et talentueuses
6. se sentir vivant, un peu, beaucoup, énormément
7. se connaître : "on s'était déjà rencontré ?"
8. dépasser ses propres limites
9. découvrir d'autres cultures et ouvrir son cœur
10. ne pas avoir à regarder en arrière en se disant *"j'aurais pu le faire..."*

objectif du 16ème jour
16 janvier

life goal :

travel **the world**

définition du 17ème jour
17 janvier

backpacker

anglais

littéralement, une personne avec un sac à dos.

en rêvant, c'est un voyageur venu d'ailleurs prêt à savourer des milliers de nouvelles saveurs. d'un point de vue extérieur, on dirait qu'il n'a pas peur. mais pourtant, il connaît bien ce que c'est, la terreur. son arme, c'est son sac à dos. c'est grâce à lui qu'il transporte sa vie, ses envies et ses folies. et dedans se cache un accessoire ignoré au fur et à mesure des années : le courage. celui qui l'a poussé en dehors de son lit pour découvrir un morceau de vie. celui qui lui permet de choisir *pour lui*, librement et naturellement. celui qui le rend heureux et fort avec la nette impression que s'il le pouvait, il parcourrait le monde entier.

confidence du 18ème jour
18 janvier

en tant que backpacker, tu dois avoir cette envie
profonde de voyager différemment

tu vas avoir un rythme de vie *crazy*
tu vas goûter au savoureux goût de la liberté
tu vas être un vrai voyageur au grand cœur
tu partiras à la conquête d'un monde meilleur

parce qu'un backpacker, c'est aussi
un explorateur
un baroudeur
un aventurier
un campeur
une âme *pleine de chaleur*

carte postale du 19ème jour
19 janvier

good things are coming

fraîcheur du 20ème jour
20 janvier

tu sais ce qu'il va t'arriver si tu n'abandonnes pas ?

TOUT
il va probablement tout t'arriver

— *don't give up*

vocation du 21ème jour
21 janvier

j'ai un goût prononcé pour l'aventure
la vraie
celle qui se trouve là
dehors

j'ai un réel amour pour l'action
j'aime vivre
vibrer

je dirais *passionnante*
ma vie est passionnante

danse du 22ème jour
22 janvier

caresse-moi l'épaule
le creux de mes reins
prends-moi par la main

— *la valse de l'aventure*

requête du 23ème jour
23 janvier

il y a un pas, entre l'endroit où tu es
et l'endroit où tu veux être
il fait peur, il tremble sous tes pieds
mais si tu n'avances pas, tu resteras là
alors avance, même si tes jambes flanchent
le monde t'attend

apprentissage du 24ème jour
24 janvier

plus tu apprends à te connaitre
plus vite tu guériras
et comprendras pourquoi
tu ne pouvais pas *t'ancrer* avant ça

inquiétudes du 25ème jour
25 janvier

ils lui ont demandé

"pourquoi tu pars aussi loin ?
et pour deux ans en plus ?
tu en as marre de ta vie ici ?"

elle leur a répondu

"si je pars, ce n'est pas pour *partir*. je n'en ai pas marre de ma vie, au contraire. je veux la rendre encore plus belle, extraordinaire et bien réelle. je veux être sûre de la vivre, je veux que ce soit elle qui ne m'échappe pas."

— *travel your life*

origami du 26ème jour
26 janvier

si tu n'as pas de raison de rester
alors c'est une bonne raison de partir

escapade du 27ème jour
27 janvier

je veux

m'évader

et respirer l'air familier
d'endroits étrangers

définition du 28ème jour
28 janvier

fernweh

allemand

la nostalgie des lieux lointains, des lieux où l'on n'est jamais allé
"le désir de voyager"

call du 29ème jour
29 janvier

l'aventure t'appelle

répondras-tu ?

rappel du 30ème jour
30 janvier

REMINDER

il suffit d'une simple décision
pour changer ta vie

idée du 31ème jour
31 janvier

même si cela te fait peur
même si tu doutes
l'idée est là
posée quelque part
comme un rêve en attente
un murmure que tu n'oses pas écouter

tu y songes parfois
"pourquoi pas ?"
comme un frisson d'envie
un battement d'ailes sous ta peau

alors cette fois-ci
n'attends plus
lance-toi
vis ta propre vie
apprends à voler de tes propres ailes

tu ne sais pas encore ce dont tu es capable
même si certains tremblent pour toi
même s'ils te déconseillent de partir seule
tu peux le faire

après tout
beaucoup le font déjà
alors, *pourquoi pas toi* ?

lettre du 32ème jour
1er février

lettre à une fille qui a peur de voyager seule :

la peur te fait **oublier** ce dont tu es réellement capable

décision du 33ème jour
2 février

qu'est-ce qui te trouble le plus :

l'idée d'échouer
ou
celle de ne jamais avoir essayé ?

escalade du 34ème jour
3 février

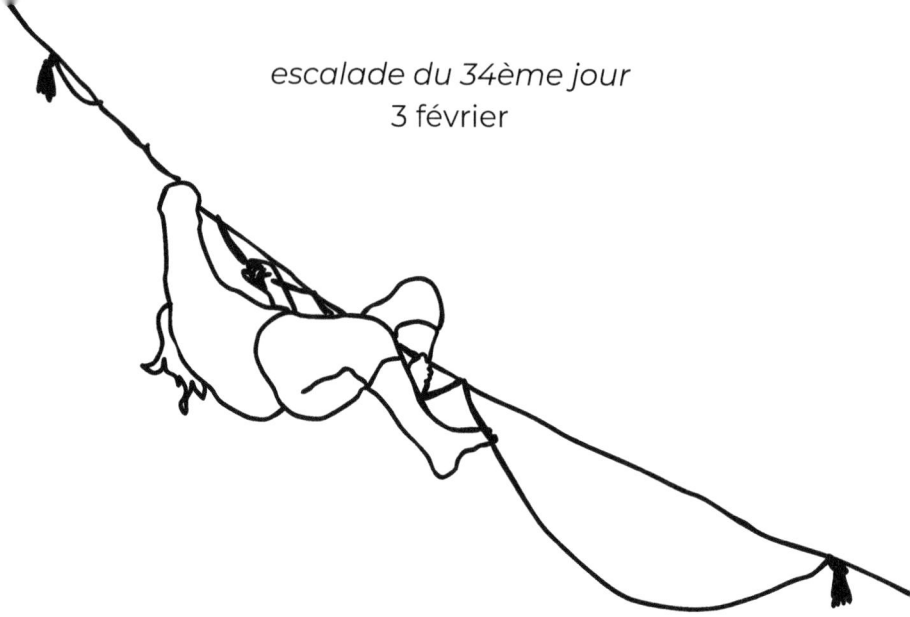

le courage, ce n'est pas l'absence de peur
c'est avancer malgré elle
sentir ses jambes trembler et marcher quand même

le courage, ce n'est pas être sûr de soi
c'est faire un pas
puis un autre
même quand l'avenir est flou
même quand la voix tremble
même quand tout semble incertain

c'est tomber, douter, hésiter
et malgré tout, choisir de continuer

le courage, ce n'est pas crier haut et fort
que l'on est fort
c'est murmurer à son cœur effrayé :
"je suis là. on y va."

action du 35ème jour
4 février

ARRÊTE D'ATTENDRE

voyage seule, va à cette pièce de théâtre avec ta propre compagnie, va voir ce film que tu attends depuis si longtemps, prends cet éclair au chocolat qui te fait de l'œil quand tu passes devant, pars, explore ta propre ville. arrête d'attendre après les autres de te permettre de faire les choses que *tu* as envie de faire.

step du 36ème jour
5 février

parfois ton conte de fées
c'est d'avancer

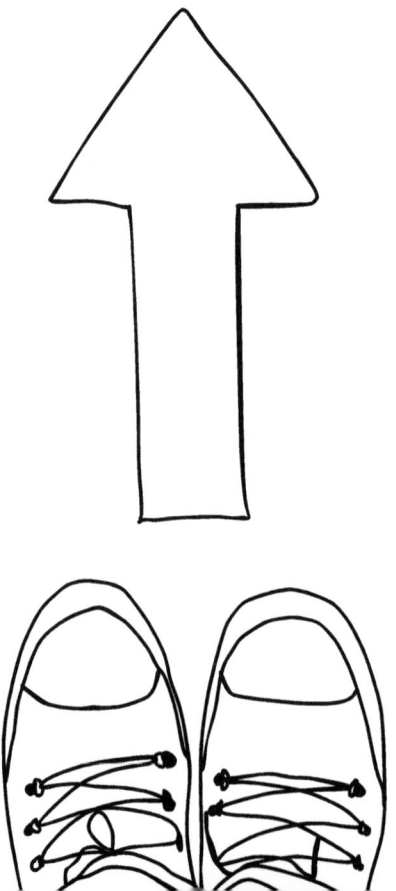

sérénité du 37ème jour
6 février

lâche prise
vis l'instant présent
parce que c'est terminé
la course effrénée
de la vie normalisée

aujourd'hui

tu profites de la vie

destination du 38ème jour
7 février

viens, on part
on va vivre ailleurs
dans cet endroit que l'on appelle
"bonheur"

cache-cache du 39ème jour
8 février

ton potentiel
il se cache

quelque part

sortie du 40ème jour
9 février

là où la magie opère

perspective du 41ème jour
10 février

tu sais ton cerveau est programmé
il veut t'éviter le danger
alors il reste dans ta zone de sécurité
mais ce n'est pas là qu'il faut rester

il faut élargir ton horizon
déclencher un trop-plein d'émotions
t'offrir une nouvelle vision
voir le monde à ta façon

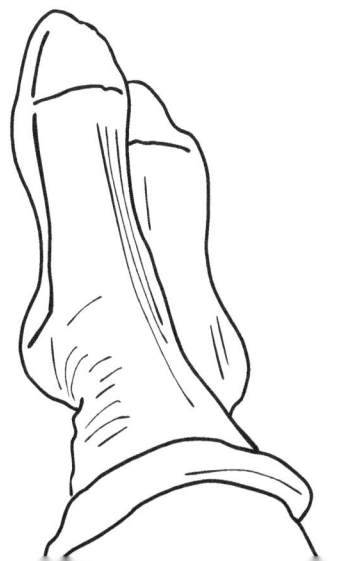

force du 42ème jour
11 février

FAIS-LE

fais-le triste
fais-le calme
fais-le amoureuse
fais-le découragée
fais-le fatiguée
fais-le avec le cœur brisé
fais-le avec patience
fais-le guérie
fais-le avec confiance
fais-le heureuse

fais-le, *dans tous les cas*

exode du 43ème jour
12 février

j'ai essayé de m'évader
au pays de l'imagination
mais alors que je rêve encore
la réalité m'attend
braquage imminent
l'aventure au tournant

— *tentative d'évasion*

tournant du 44ème jour
13 février

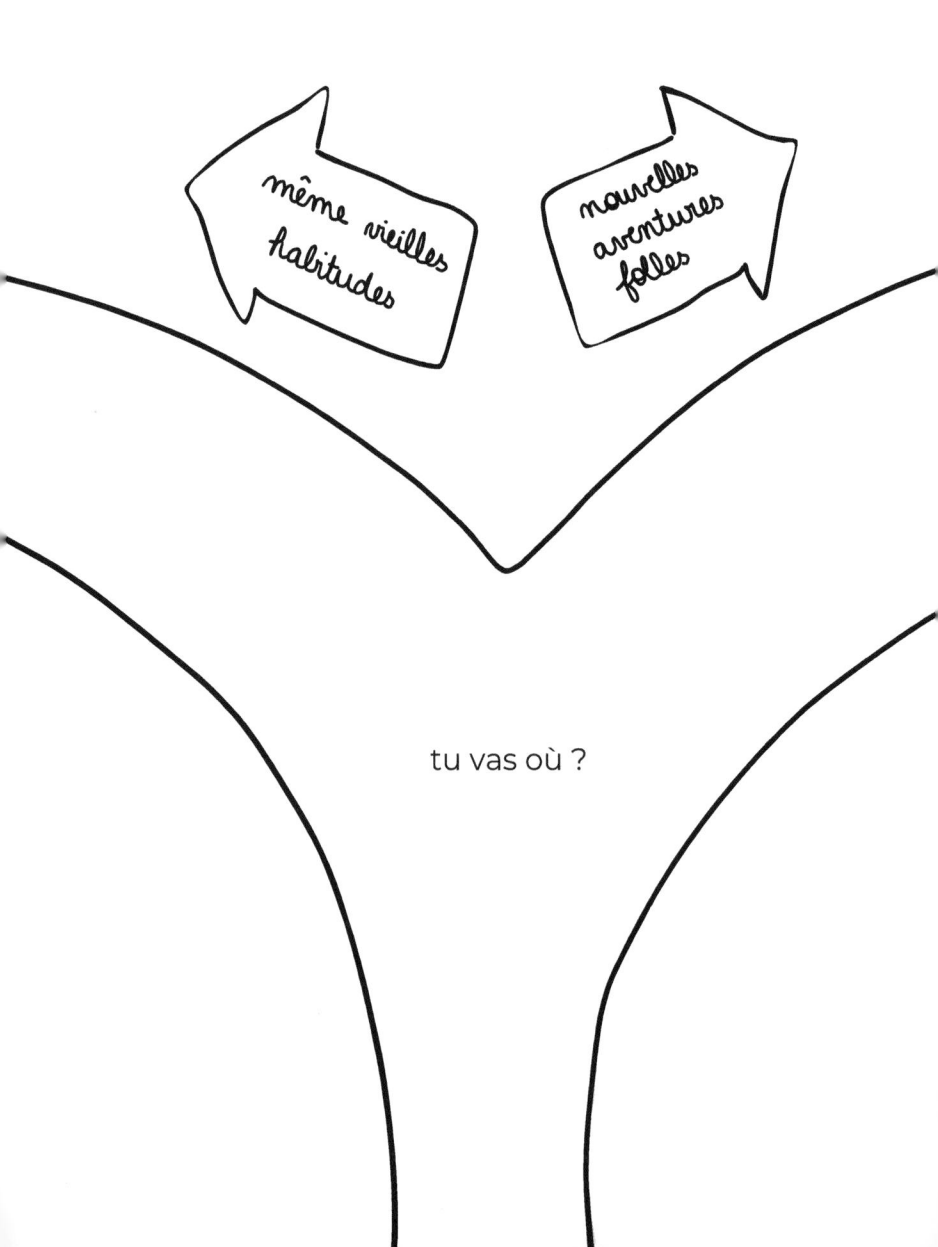

écoute du 45ème jour
14 février

attends
juste un instant
respire

si ton cœur pouvait parler
là, maintenant
que dirait-il ?

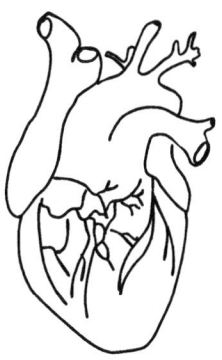

singularité du 46ème jour
15 février

tu n'as qu'une seule vie

do something with it

saut du 47ème jour
16 février

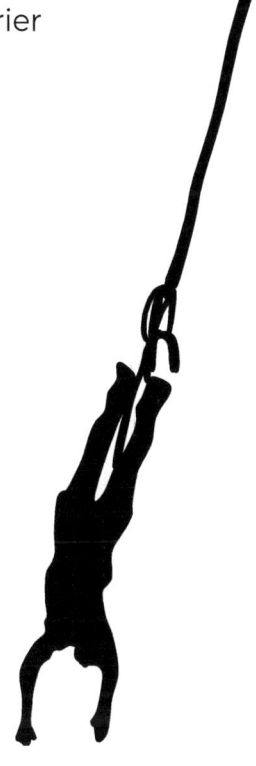

mes rêves
me demandent
de tout risquer
de tout quitter
de m'aventurer
dans l'inconnu
de dépasser *tout*
ce que je connais

je ne sais pas à quoi m'attendre
et la peur vient parfois me prendre
mais je le fais
et je sauterai cent fois s'il le faut

conséquences du 48ème jour
17 février

il est temps maintenant
parce que plus tard
tes rêves se transformeront
en "pourquoi ?"

— *regrets du présent*

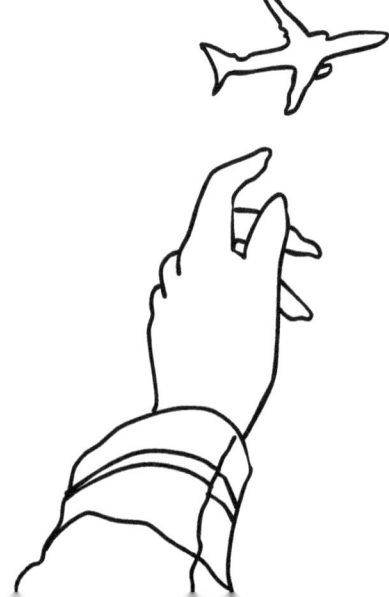

intrépidité du 49ème jour
18 février

PRENDS LE RISQUE

en partant, tu vas prendre le risque de te sentir seule au milieu de tous. tu vas ressentir beaucoup de sentiments oubliés : l'amour, la joie, la tristesse, la surprise, la crainte, la honte, la paix, la colère, *l'incompréhension*. tu seras loin de tout ce que tu connais, tout ce que tu sais, comme si tu regardais un tableau abstrait. ton adaptation sera difficile, peut-être qu'un mal-être s'emparera de ton intérieur. mais à chaque nouveau battement de cœur, tu comprendras que tu peux changer. tu peux bifurquer, modifier, renoncer, bouger, t'écarter, recommencer, quand tu veux, où tu veux. c'est cela, la beauté de la vie, elle repose entre tes mains.

hands du 50ème jour
19 février

prends ta vie

en main

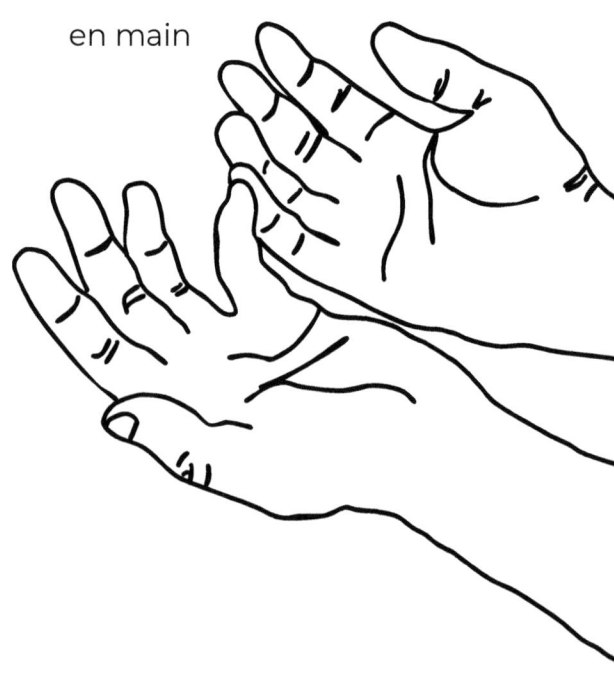

essai du 51ème jour
20 février

échoue
trompe-toi
foire tout

prends le chemin que tu ne prendrais pas, parle aux inconnus, saute du haut de ce rocher, envoie ce message risqué, ose essayer sans avoir peur de ce qu'il pourrait se passer.

on rate tellement d'opportunités, de toutes ces petites choses de la vie simplement parce qu'on ne peut pas les contrôler. on voudrait avoir un plan, en connaître les conséquences et les taux de réussite, mais ce n'est pas la réalité.

la réalité c'est qu'on a plein de choix à faire tout au long de sa vie, aussi palpitants qu'effrayants. et au fur et à mesure,
on crée notre propre futur.

intérieur du 52ème jour
21 février

tu ne réaliseras pas à quel point la boîte
dans laquelle tu as toujours vécu était
petite
une fois que tu en sortiras

extérieur du 53ème jour
22 février

un milliard de souvenirs
un million d'émotions
un millier de sourires
une centaine d'épreuves

une seule raison :
go out of the box

mise au point du 54ème jour
23 février

fais-le pour :

~~ton amoureux(se)~~

~~ta mère~~

~~ton meilleur ami~~

~~tes grands-parents~~

~~ton oncle~~

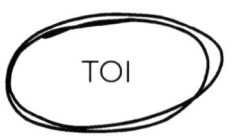
TOI

éclaircie du 55ème jour
24 février

comprends ton passé
crois en ton futur
et accepte-toi **telle que tu es**

steps du 56ème jour
25 février

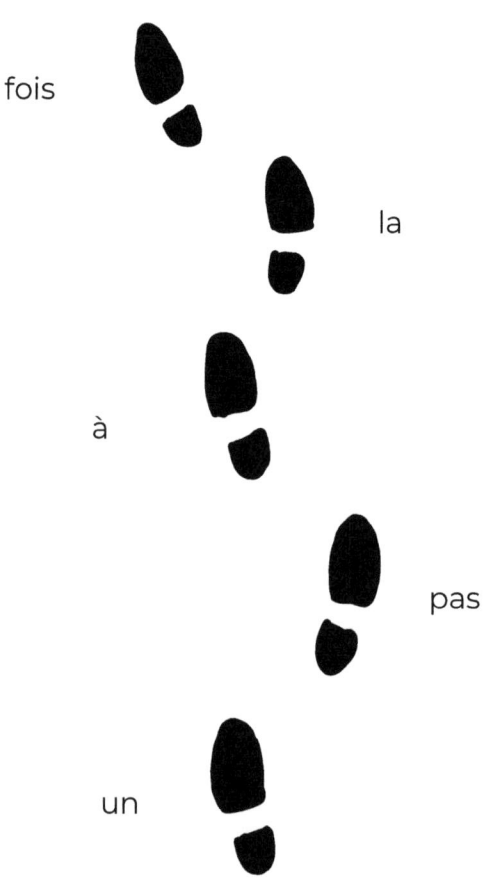

vélo du 57ème jour
26 février

tout commence par toi
et ce vélo
tu n'aurais jamais appris à en faire
si tes parents n'étaient pas là
à t'apprendre
te montrer
te relever
t'aider
dans le simple but
de te laisser *partir*

émotion du 58ème jour
27 février

LE MANQUE

il voyage avec toi, silencieux et discret
il s'invite dans les aubes solitaires
dans les cafés où personne ne connaît ton nom
il n'a pas de poids, mais il pèse
il n'a pas de voix, mais il murmure
il est bien là
suspendu entre deux fuseaux horaires
mais il ne reste jamais bien longtemps
il va et vient comme la mer
s'éloigne quand l'aventure l'emporte
et laisse place à la découverte

audace du 59ème jour
28 février

ils lui ont demandé

"et si tu tombes ?"

elle leur a répondu

"et si je vole ?"

— *I take the risk*

interrogation du 60ème jour
1er mars

c'est quand le bon moment ?

vérité du 61ème jour
2 mars

la plupart des gens attendent toute la journée qu'il soit 17h30
toute la semaine qu'enfin le vendredi vienne
tout l'hiver pour retrouver la chaleur de l'été
tout l'été pour retrouver la fraîcheur de l'hiver
toute l'année pour enfin en célébrer une nouvelle
toute la vie pour le bonheur

arrête d'attendre "le bon moment" parce qu'il n'existe pas. on est toujours en train de le rater parce qu'on est trop occupés à en chercher un autre. mais il n'y en a pas d'autres. tout se trouve juste devant tes yeux, depuis le début.

le présent, c'est maintenant
alors profites-en

confiance du 62ème jour
3 mars

believe

in

yourself

fugue du 63ème jour
4 mars

chère moi,

dans quelques heures, tu seras ailleurs. tu ne reconnaîtras pas les rues, tu ne comprendras pas la langue, mais tu sentiras battre ton cœur.
plus vite, plus fort, plus bruyamment.

tu vas hésiter, parce que jusqu'ici, partir n'était qu'une idée. un rêve griffonné au fond d'un carnet. mais aujourd'hui, c'est réel et c'est ce que tu as décidé. tu as choisi de partir pour voir le monde autrement. pour sentir le vent d'un pays inconnu sur ton visage, pour prouver à la petite fille que tu étais qu'elle a eu raison de rêver aussi grand.

de toute façon, il est trop tard pour reculer.
ou peut-être est-ce trop tard pour ne pas y aller…

demain je pars.

envolée du 64ème jour
5 mars

il faut voler
rencontrer ton propre futur

haïku du 65ème jour
6 mars

larmes

avion

excitation,

s'en aller

ombre du 66ème jour
7 mars

le doute
il s'installe doucement
s'en va et revient violemment
t'inonde profondément
te perd entièrement

— *ne le laisse pas te noyer*

mouvements du 67ème jour
8 mars

prépare-toi à y entrer en partant :

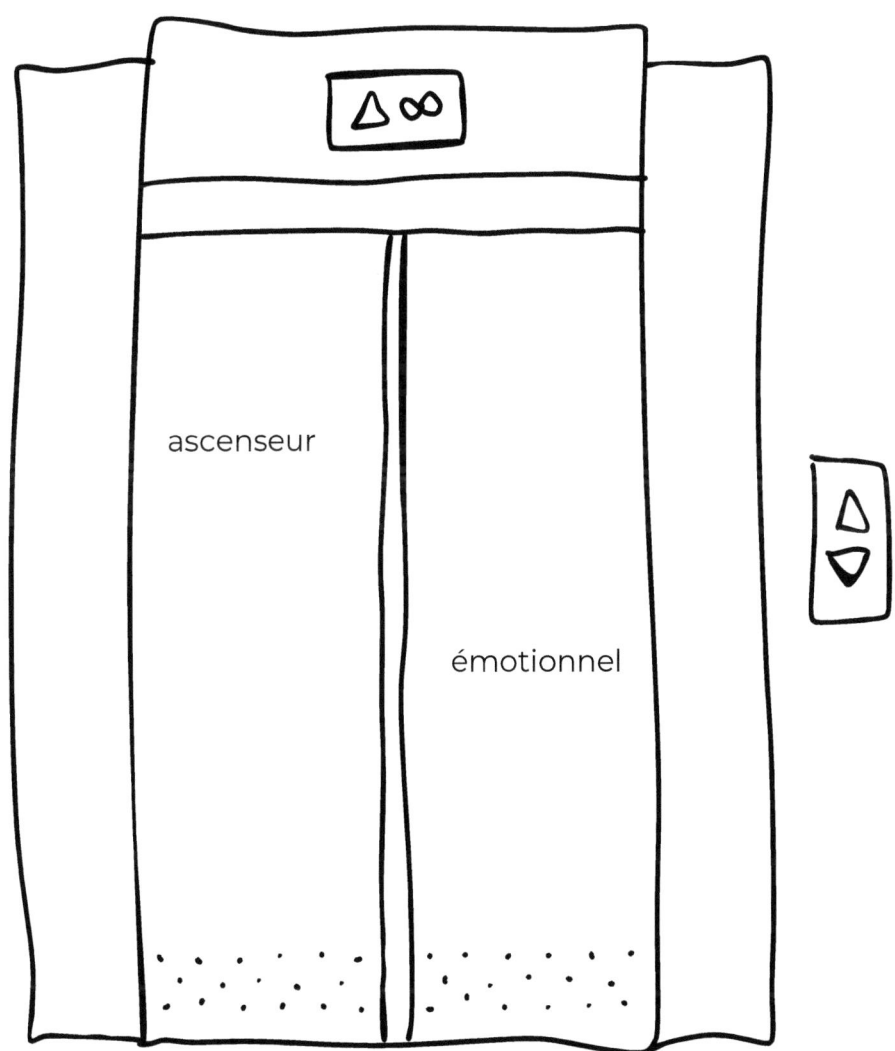

épreuve du 68ème jour
9 mars

ce n'est jamais facile de partir
ça va faire mal oui
pendant quelque temps
mais ça va s'adoucir

— *coussins du cœur*

témérité du 69ème jour
10 mars

elle a tourné la tête une dernière fois
les yeux brillants
le cœur battant
elle a pris une profonde inspiration
la voix assurée
le regard déterminé
"je suis prête à réaliser mes rêves"

— *this moment*

plume du 70ème jour
11 mars

la première fois que je suis partie, j'ai emporté avec moi mes larmes et mes soupirs

je me suis demandée si j'avais pris la bonne décision dans cet avion

il m'emmenait vers la peur et l'excitation, un monde incertain emprunt de saveurs méconnues

c'est là que ma plume a commencé à écrire
comme si toutes ces années
elle avait attendu de s'en aller
pour *s'exprimer*

transformation du 71ème jour
12 mars

est-ce que tu es prête pour ta prochaine évolution ?

combat du 72ème jour
13 mars

la seule et unique personne que tu dois surpasser

c'est toi

déclic du 73ème jour
14 mars

c'est là que tout a changé
j'ai su quelque part
au fond de moi
que je devais continuer
plus j'avançais
plus je me découvrais

pour la première fois
je m'appropriais à moi-même

volonté du 74ème jour
15 mars

plus tu avances
plus tu es forte
plus tu es capable

nomadisme du 75ème jour
16 mars

pays
étranger

personne
à qui
se confier

seule
face au monde
entier

loin derrière
ma zone
de confort

et devant
la liberté

sommet du 76ème jour
17 mars

life is

out there

illusion du 77ème jour
18 mars

des étoiles plein les yeux
j'avais cette étrange sensation
de voir la vie qui s'étend
loin devant
et j'avais en moi ce pouvoir
au creux de mes mains
cette impression irréductible
le monde m'appartient

milky way du 78ème jour
19 mars

elle avait des étoiles dans les yeux
et la galaxie dans son esprit

surprise du 79ème jour
20 mars

alors que je partais à la découverte du monde

j'ai fait une rencontre inattendue
c'est moi que j'ai trouvé

exploration du 80ème jour
21 mars

"je pars en voyage" ai-je dit.
mais je crois que je ne le pensais pas vraiment.
dans ma tête, je partais explorer le monde.
je me suis trompée, c'était le monde qui m'explorait.
entre les ruelles inconnues et les matins silencieux,
une autre version de moi prenait forme ;
plus libre, plus vraie.

retranchement du 81ème jour
22 mars

SEULE

et d'un coup, tu te retrouves seule face à toi-même. tu ne sais pas ce que tu es capable de faire ou pas. personne n'est là pour te dire quoi que ce soit. personne n'est là pour t'encourager ou te dire que c'est une bonne idée. personne n'est là quand tu as froid ou que la nuit tombe trop bas. *seule*. tu es seule avec tes démons et tes douleurs. malgré le noir, tu en passes par toutes les couleurs. seule dans ta déconstruction. seule dans ta reconstruction. il te faudra beaucoup de sang-froid, une force qui dépasse tout ce que tu crois. tu perdras tous tes repères que ce soit sur cette terre ou dans ton âme tout entière. parce que c'est aussi ça le voyage, il est autant à l'extérieur qu'à l'intérieur.

fire du 82ème jour
23 mars

parfois il faut savoir sortir
se dire qu'il est bon de ressentir
un sentiment *nouveau*
apprendre à briller
seule dans l'obscurité
sans toutes ces flammes
pour éclairer ton âme

alter ego du 83ème jour
24 mars

elle travaille sur trois choses en ce moment

elle-même
sa vie
sa paix intérieure

elle est *toi*

chef d'oeuvre du 84ème jour
25 mars

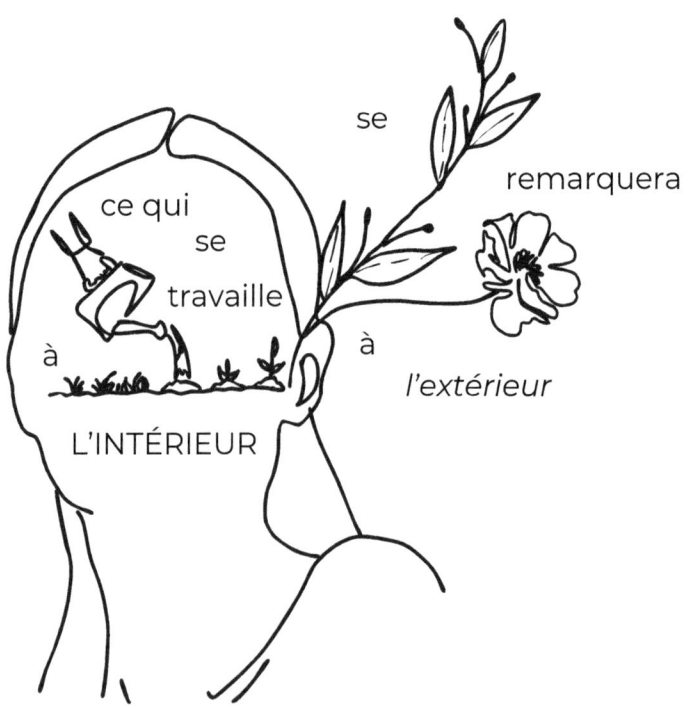

lettre du 85ème jour
26 mars

lettre aux fragments de mon passé :

je sais que vous êtes là, pas loin, prêts à ressurgir n'importe quand. je ne vous oublie pas, vous êtes ce pourquoi je suis là, mais j'essaye de vous ranger plus bas. là où je ne vous vois pas. parce qu'aujourd'hui je ne veux plus vous compter jusqu'à m'écrouler, je ne veux plus vous regarder avec lâcheté. je veux oublier mon passé et profiter de la vie. je veux créer des fragments du présent, **à chaque instant**.

darkness du 86ème jour
27 mars

allonge-toi et ferme les yeux
profite du noir
entends le silence
ressens ce cœur qui bat
il est juste là
il bat en toi
et *toujours* il le fera

c'est beau n'est-ce pas ?

— *bats-toi*

revers du 87ème jour
28 mars

je suis une fugitive
je cours
perdue
sans destination
je ne sais pas où je vais
mais dans le fond, je le sais
je suis sur la bonne voie

— *déroute*

naufrage du 88ème jour
29 mars

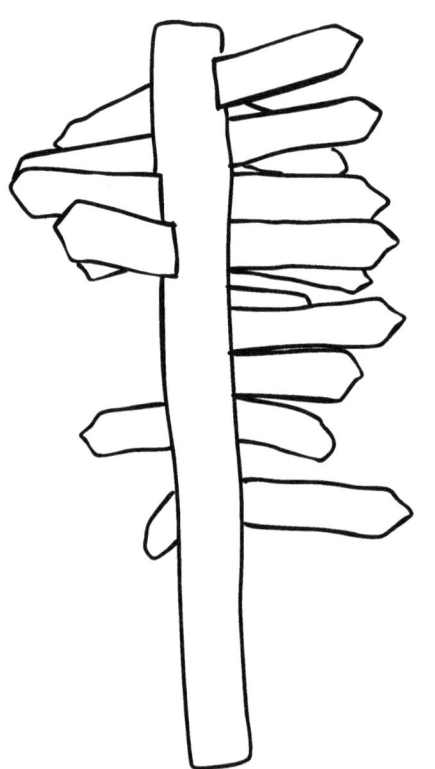

c'est

agréable

d'être

égarée

dans une

direction

que nous

savons

être

la bonne

papillons du 89ème jour
30 mars

voyager c'est un investissement
pas n'importe lequel
c'est *investir en soi*

rappel du 90ème jour
31 mars

the best investment is in yourself
the best investment is in yourself
the best investment is in yourself
the best investment is in yourself

perles du 91ème jour
1er avril

et je profitais du bruit de l'eau
pour laisser couler mes propres flots

— *larmes réparatrices*

esprit salé du 92ème jour
2 avril

ocean

SOUL

libération du 93ème jour
3 avril

il y a tellement de pouvoirs
quand tu te laisses aller
essaye
laisse ta magie opérer

— *let go*

citation du 94ème jour
4 avril

l'évasion porte ton nom

franchise du 95ème jour
5 avril

aujourd'hui, je voudrais te parler
du pouvoir de la nature
j'aimerais t'expliquer
la puissance de tes pensées
je voudrais que tu comprennes
l'importance de chacun de tes pas
j'aimerais te montrer ce que tu es
belle telle que tu es
je veux que tu restes libre
créative
je veux que tu restes *toi*

peinture du 96ème jour
6 avril

apprends à du tableau qu'on dépeint de toi

sortir

quête du 97ème jour
7 avril

vis pour toi

si tu es épanouie de cette manière alors c'est *la bonne*

ne te rends pas malheureuse pour faire comme les autres ou pour plaire à tes proches

chacun vit sa propre expérience *à sa manière*

sois fière de toi et du chemin que tu as parcouru

et surtout continue de t'écouter **toi** et de vivre de nouvelles aventures

le tout, c'est de n'avoir *aucun regret*

sincéri-thé du 98ème jour
8 avril

you are

beau

tea

full

contradiction du 99ème jour
9 avril

il y a du sérieux
il y a de la folie

il y a du calme
il y a de l'orage

il y a du cœur
il y a de la raison

il y a du beau
il y a du moche

je suis *tout* ça à la fois

destin du 100ème jour
10 avril

aloneliness du 101ème jour
11 avril

si tu te sens seule
regarde bien autour de toi
il y a le soleil qui brille
les vagues qui se brisent
le vent qui murmure
quelques trouvailles
sur le chemin
ouvre les yeux
et partage
rien qu'un peu
tu n'es pas seule
tu ne l'es jamais *vraiment*

souffle du 102ème jour
12 avril

vole
loin des cages invisibles
loin des peurs héritées
respire
tu es libre
tu l'as toujours été

odyssée du 103ème jour
13 avril

obsédée par la liberté
je crois que même le vent ne pouvait plus m'arrêter
j'avais soif du monde et de ses formes rondes
de ces nouveaux paysages après le décollage

je voulais me découvrir moi
en même temps que tous ces gens
qui passaient par là

immergée dans un pays étranger
je crois que je n'ai jamais pris autant de plaisir
à partager
à apprendre jusqu'à ne plus comprendre
à sourire jusqu'à m'en faire rire
à aider *sans compter*

respiration du 104ème jour
14 avril

inspire le présent
expire le passé

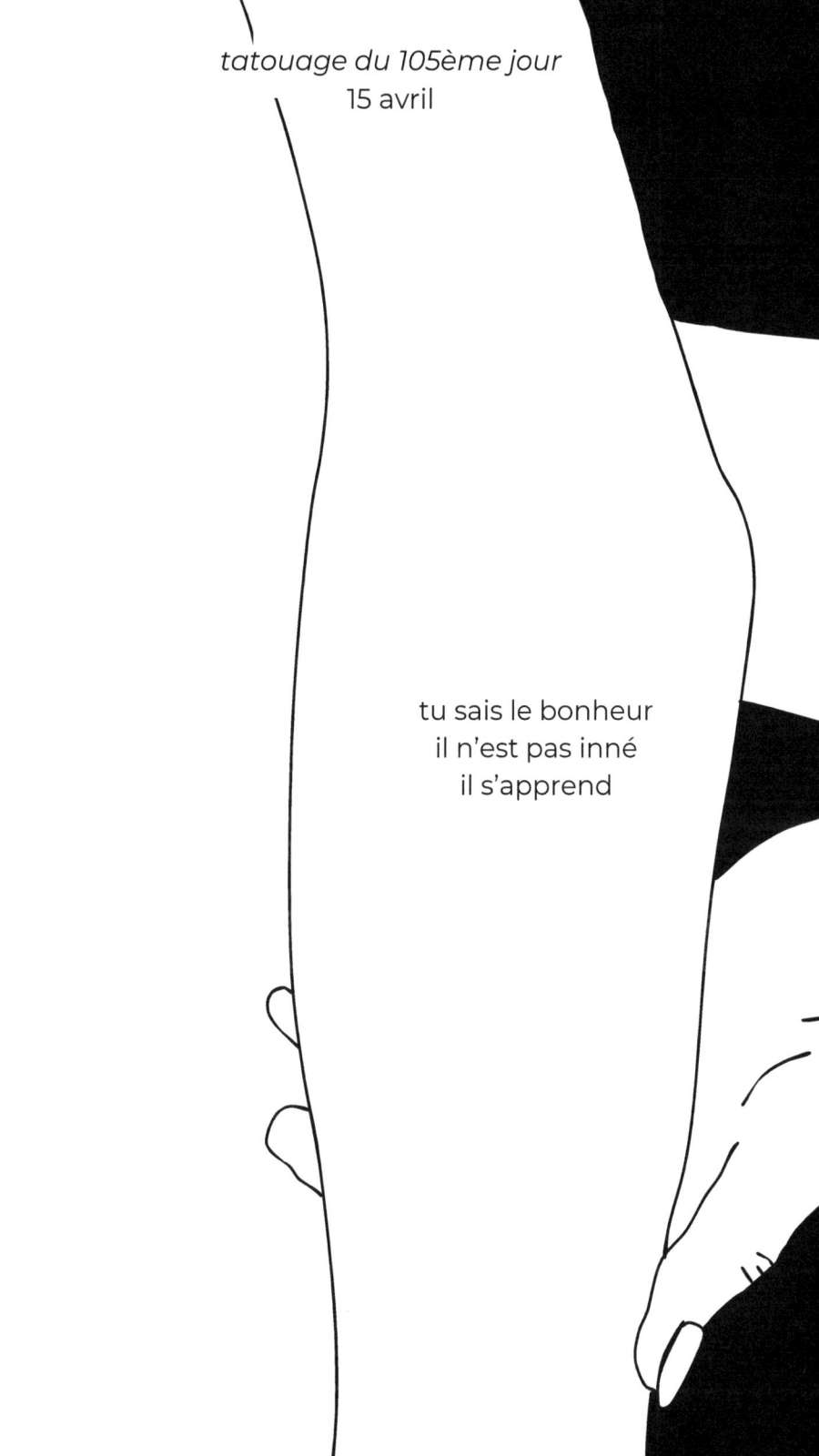

question du 106ème jour
16 avril

ils lui ont demandé

"c'est quoi la destinée ?"

elle leur a répondu

"c'est être au bon endroit au bon moment"

— *trust the process*

définition du 107ème jour
17 avril

u k i y o

japonais

littéralement "le monde flottant"
vivre dans l'instant présent
détaché des tracas de la vie

sentiment du 108ème jour
18 avril

je suis exactement là
où j'ai besoin d'être

parfum du 109ème jour
19 avril

je ne dis pas voir, je dis émerveiller
je ne dis pas regarder, je dis étonner
je ne dis pas écouter, je dis accueillir
je ne dis pas toucher, je dis embrasser
je ne dis pas sentir, je dis éprouver
je ne dis pas goûter, je dis déguster
je ne dis pas courir, je dis voler

je crois que le voyage a tendance à magnifier
toutes mes émotions

simples things du 110ème jour
20 avril

profite des petites choses

splendeur du 111ème jour
21 avril

je crois que ce n'est pas juste moi
ce sont les autres
la nature
le monde
je veux que ma lumière brille
qu'elle éclaire tout l'univers

— *shining*

joyau du 112ème jour
22 avril

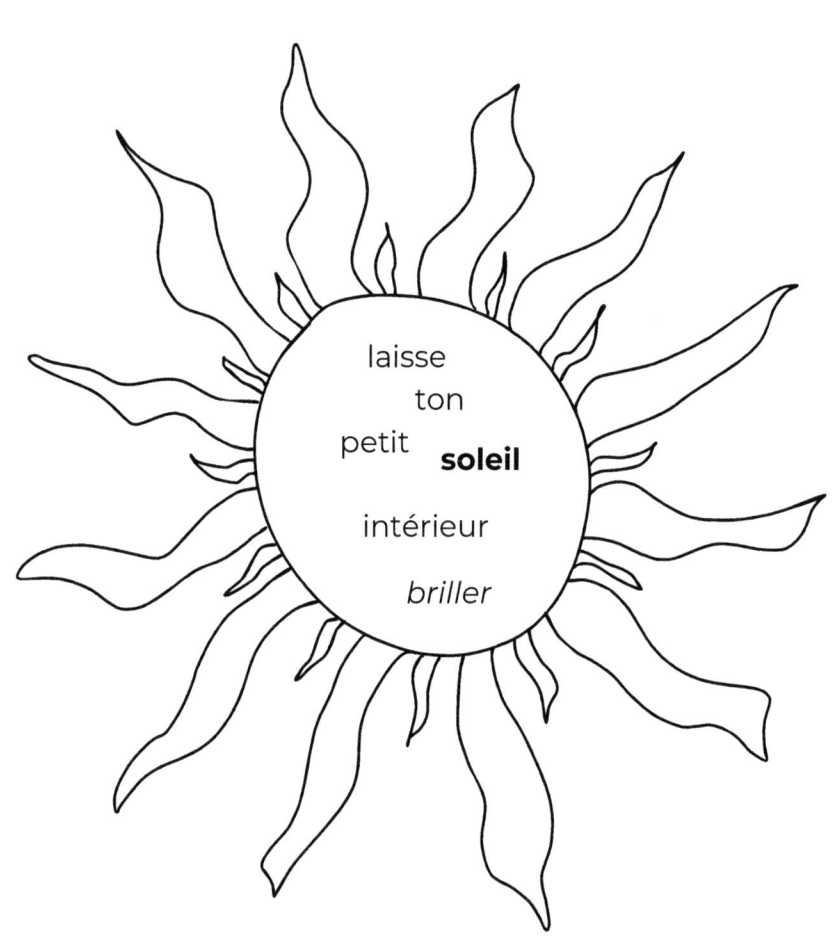

haïku du 113ème jour
23 avril

reflet du 114ème jour
24 avril

j'ai une question

est-ce que tu t'aimerais
si tu te rencontrais ?

exploration du 115ème jour
25 avril

ressentir ses émotions
chercher au plus profond

savoir s'exprimer
se sentir **exister**

curiosité du 116ème jour
26 avril

have the curiosity to explore your own self

further

égarement du 117ème jour
27 avril

et il y a certains jours
sans prévenir
on se retrouve perdue
dans l'air d'un itinéraire
qui n'en a plus rien à faire

— *lost*

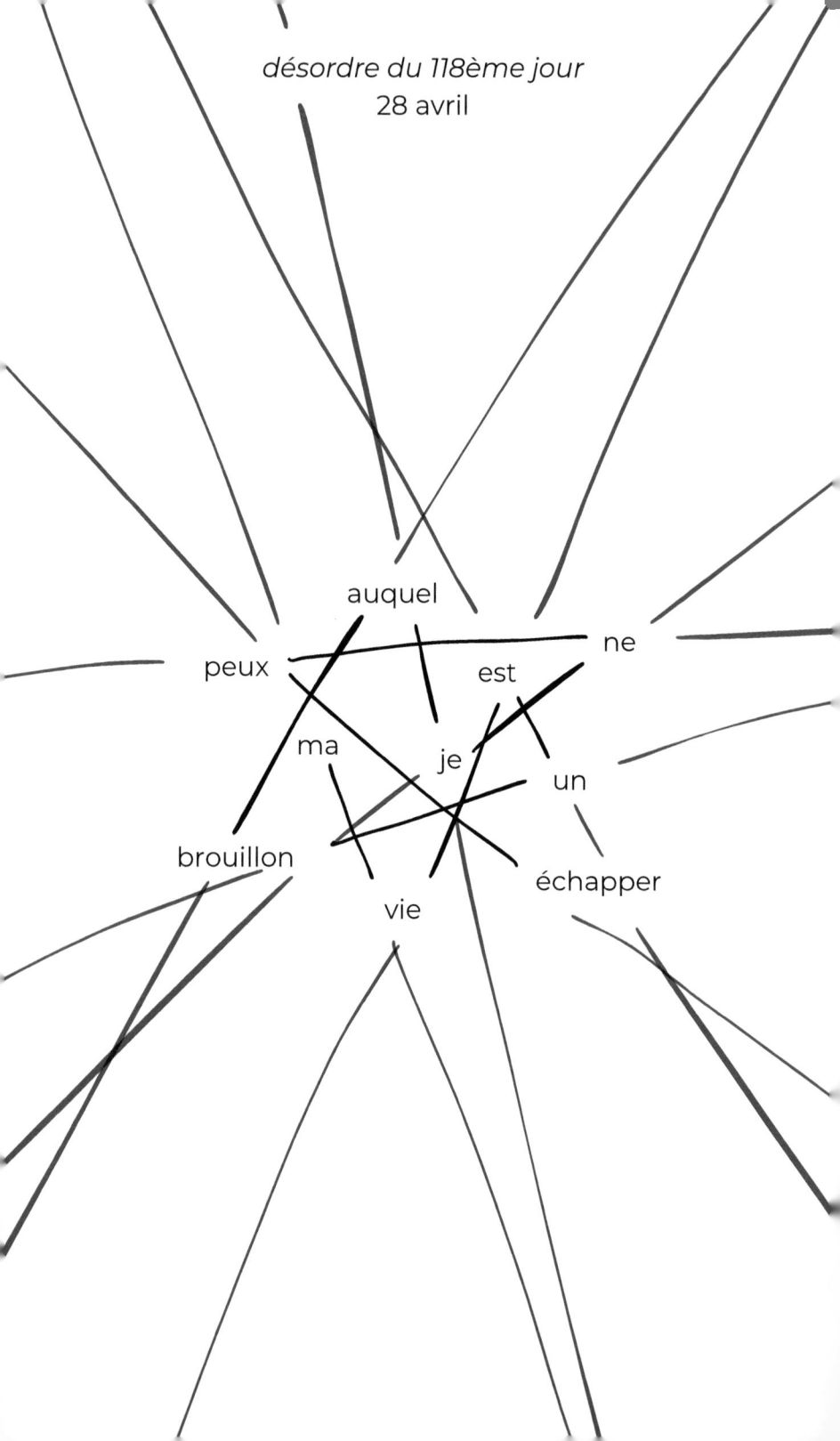

adversité du 119ème jour
29 avril

voyager n'est pas toujours facile

le voyage n'est pas toujours tout beau tout rose. parfois, il va faire mal, repousser tes limites jusqu'à ce que tu ne puisses plus respirer. une partie de toi va rester là où tu es passé. il va même te briser le cœur, il va essayer de te protéger, de bâtir un mur à rebonds d'émotions, mais… tu vas être la première touchée. ce voyage va t'ébranler, te retourner et te changer. il va te laisser des marques physiques et mentales que tu vas porter *à jamais*. et à chaque fois que tu les regarderas, tu sauras pourquoi tu en es arrivée là. parce que ces cicatrices de voyages, c'est la marque de ton courage.

carton du 120ème jour
30 avril

il y a des fois où ce sera dur

des fois où tu auras envie de tout abandonner
des fois où tu ne voudrais plus être là
mais tu sais quoi ?
tu vas surmonter tout ça

parce que tu n'es pas prête
à *déclarer forfait*

falaise du 121ème jour
1er mai

live it

to

the **limit**

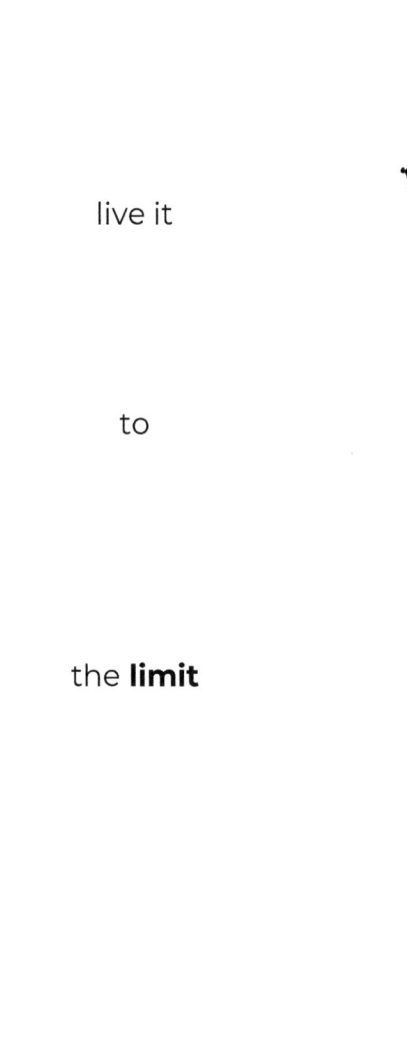

définition du 122ème jour
2 mai

sisu

finlandais

l'esprit extraordinaire et indomptable de ne jamais abandonner et de dépasser toutes les limites, en particulier face à une adversité extrême

pluie du 123ème jour
3 mai

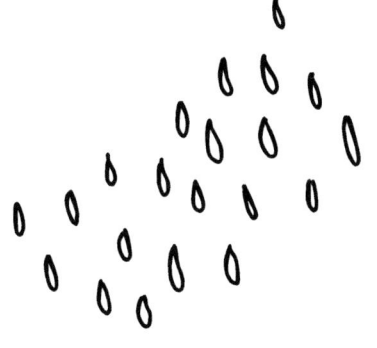

seule
face à tes peurs
ton passé revient
comme un coup de massue

alors tu pleures
tu laisses tes larmes couler
parce que c'est beau
parce que ça fait du bien

et tu pleures encore
ton visage ressemble dorénavant à l'océan
mais étrangement, tu souris

parce que dans le fond
c'est ça le voyage
ça t'apprend à vivre tes émotions *pleinement*

rappel du 124ème jour
4 mai

REMINDER

on a besoin de ressentir les choses
pour pouvoir les surmonter

discordance du 125ème jour
5 mai

parfois, j'ai du mal à me suivre
je souris quand je pleure
j'avance même si je suis perdue
je vole pendant que je marche
je suis folle dans la sagesse
à jeun dans l'ivresse
mon cœur sait
ma raison hésite

alors c'est au monde que je m'adresse
au plus et au moins
aux montagnes et aux précipices
à toutes ces émotions contradictoires
que tu me laisses entrevoir

— *sentiments contraires*

rafale du 126ème jour
6 mai

je suis une tempête et pourtant
je danse avec le vent

duel du 127ème jour
7 mai

on vit des hauts
on vit des bas
on traverse
les averses
de notre vie
qui réveillent
des blessures
jamais guéries
on voit négatif
on veut positif

— *lutte intérieure*

polaroid du 128ème jour
8 mai

état d'esprit du 129ème jour
9 mai

la même scène
deux regards
l'un ne voit que l'ombre
l'autre aperçoit la lueur
le paysage ne change pas
c'est la façon de regarder
qui fait toute la différence

voile du 130ème jour
10 mai

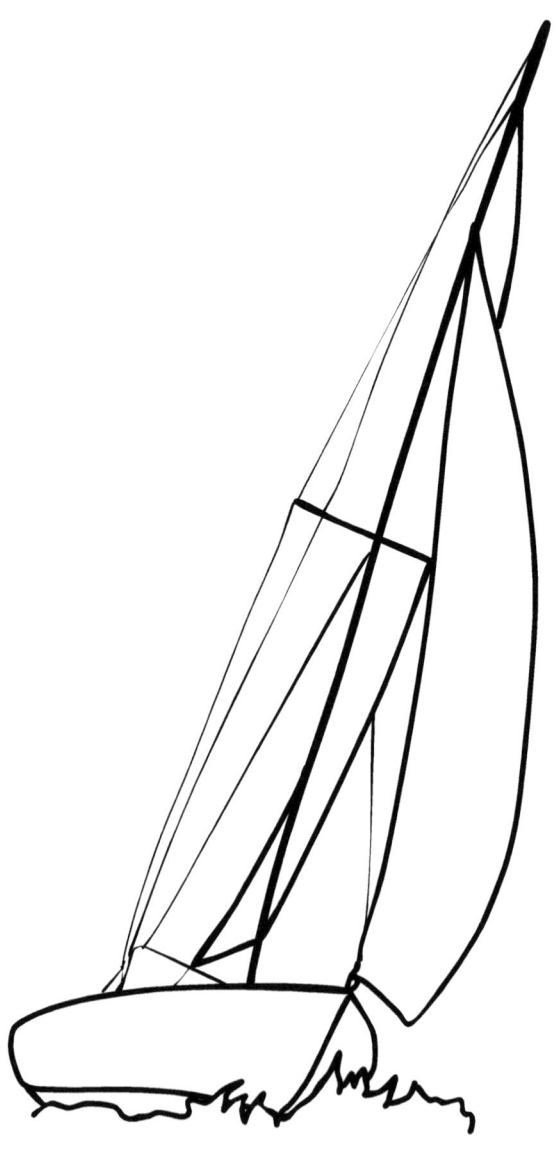

la mer est
d'huile
mais
j'entends
le vent
je l'attends
plus
précisément
mais je suis
de celles qui
croient
parce que je
sais qu'il
reviendra
et enfin ma
voile se
gonflera

pâleur du 131ème jour
11 mai

LE SOLEIL N'A PAS DISPARU

il y a des jours où le ciel te semblera gris
où même les couleurs sembleront éteintes
mais souviens-toi
le soleil n'a pas disparu
il reste simplement caché
en attendant que tu le laisses revenir...

respiration du 132ème jour
12 mai

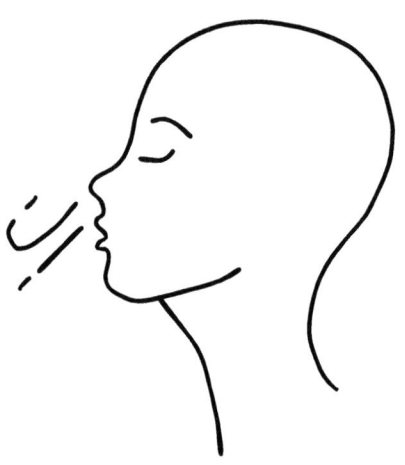

tu n'attires que ce que tu expires

plein du 133ème jour
13 mai

quand je suis partie
je ne m'attendais pas à autant
autant de moi
autant des gens
autant de temps
autant de paysages
autant de cultures
autant de singularité
autant de différences
autant *de monde*

il a fallu que je change de pays
pour comprendre ce que c'était
la vraie vie

manège du 134ème jour
14 mai

mes émotions
sont des sensations si fortes
qu'on dirait un parc d'attractions

épanouissement du 135ème jour
15 mai

ACCEPTE LES CHOSES

parfois, il faut simplement accepter les choses qu'on ne peut pas contrôler. arrêter de chercher du sens là où parfois, il n'y en a pas. arrêter de vouloir trouver des explications à tout ce qu'il se passe autour de soi. arrêter de se torturer l'esprit à vouloir tout maîtriser. il faut se laisser aller et essayer *d'accepter*. accepter ce qui est, simplement.

surf du 136ème jour
16 mai

go

with

the

flow

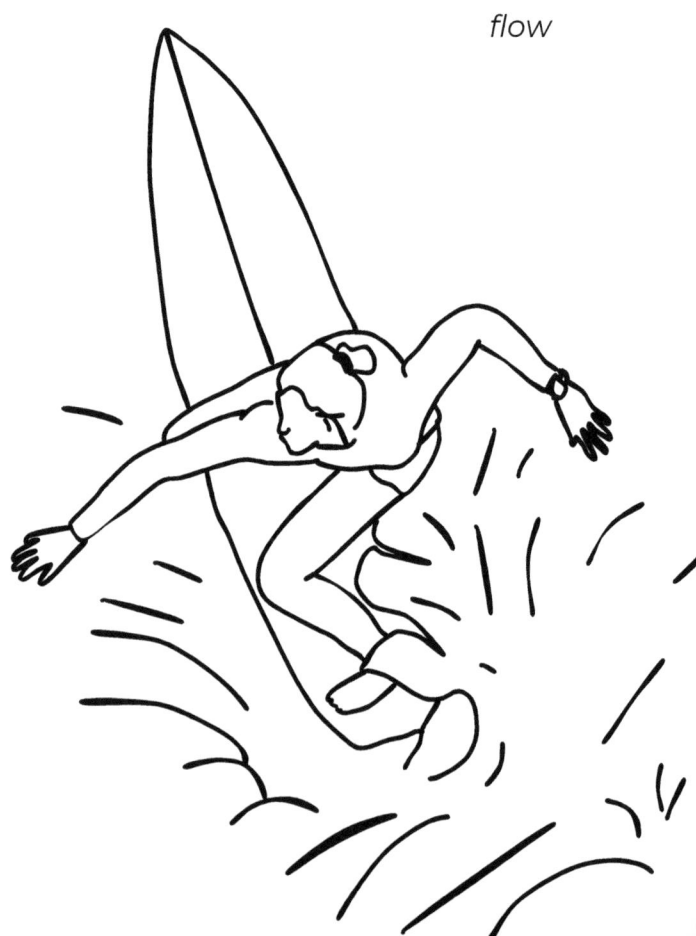

vagues du 137ème jour
17 mai

fais attention à tes émotions
mais surtout ne les laisse pas te
contrôler
écris-les sur le sable
ressens-les
et laisse-les disparaître
un peu plus
à chaque nouvelle vague

va-et-vient du 138ème jour
18 mai

si ça vient
laisse venir

si ça part
laisse partir

détachement du 139ème jour
19 mai

il faut savoir lâcher prise

il y a certains sentiments *présents* en réalité *passés*. et cela te rend triste, mais tu continues d'essayer, de t'y accrocher. tu continues de souffrir, jour après jour et pourtant, tu ne t'arrêtes pas. ton cerveau a du mal à accepter que cette même chose, avant, te rendais heureuse. c'était tout ce dont tu avais besoin. c'était suffisant et c'était beau, magique même. aujourd'hui c'est assez étrange, tout semble différent et semblable à la fois. et ça te bouffe de l'intérieur. c'est devenu si difficile… ça ne devrait pas l'être, ça ne doit pas l'être. tu dois **accepter ta tristesse**. oui, c'est cette même chose qui t'a rendue plus heureuse que jamais. oui, tu n'as rien changé. mais le monde lui, a évolué. et toi aussi, tu as grandi. il est grand temps de *lâcher prise*.

ailes du 140ème jour
20 mai

juste

s'envoyer

en l'air

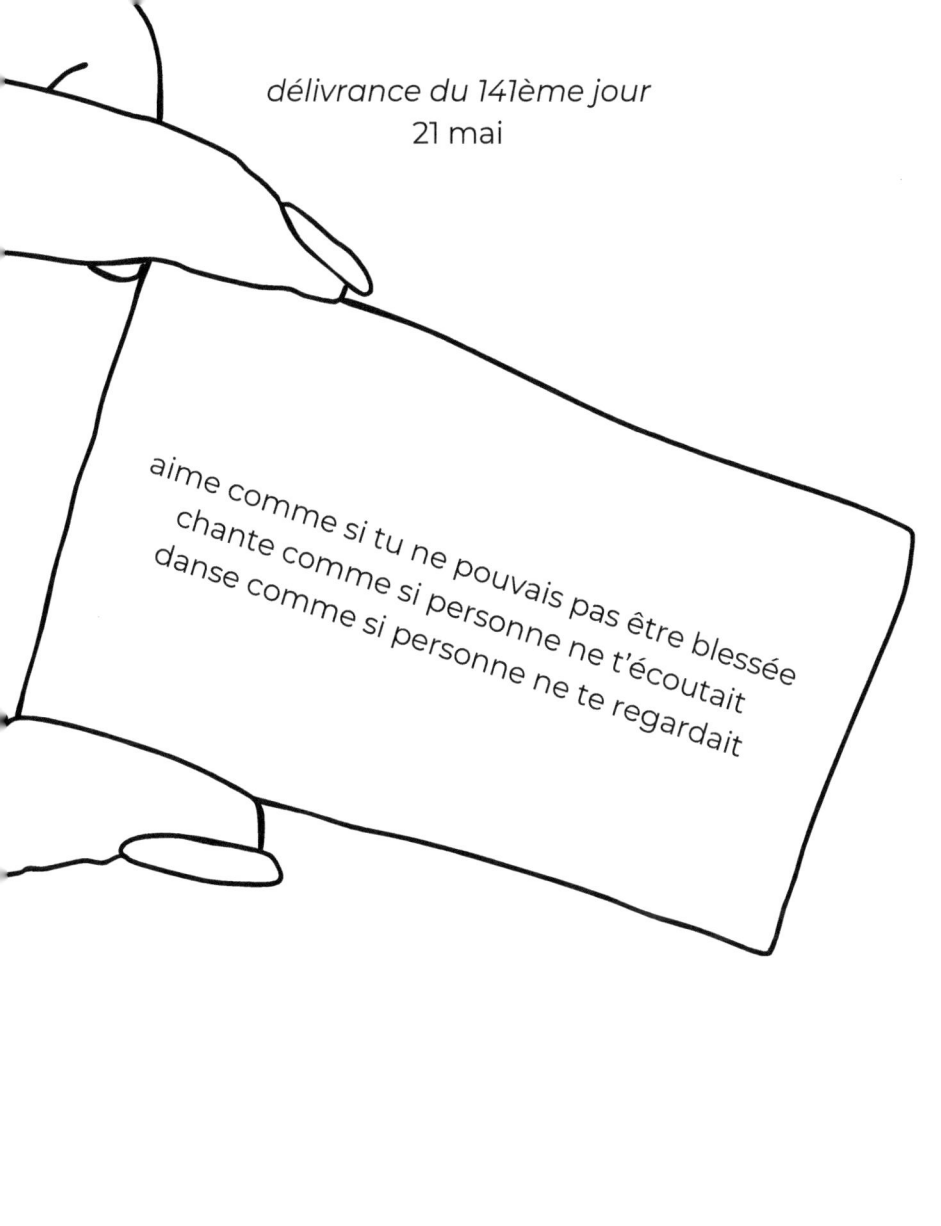

décharge du 142ème jour
22 mai

et puis un jour
on s'en fout
et ça fait du bien

wu wei du 143ème jour
23 mai

c'est
quand
tu
arrêtes
de
chercher
que tu
trouves
les réponses

tant espérées

définition du 144ème jour
24 mai

wu wei

chinois

l'art de la non-action : adopter le laisser-aller au lieu de l'effort pour atteindre un résultat

light du 145ème jour
25 mai

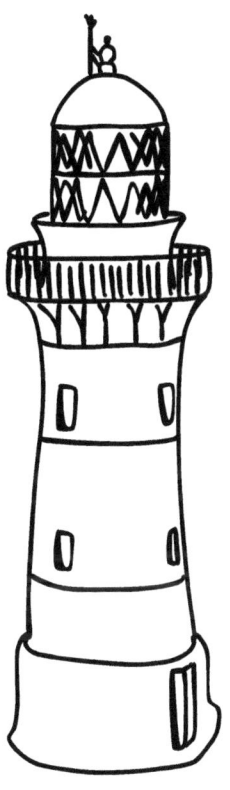

et si tout ce dont tu as toujours rêvé allait enfin se réaliser ?

définition du 146ème jour
26 mai

que será, será

espagnol

tout ce qui sera, sera
l'avenir ne t'appartient pas
ne t'inquiète pas
si cela doit arriver
cela arrivera

composition du 147ème jour
27 mai

i am a composer
i am a traveller
i am wonderer
call me *believer*

création du 148ème jour
28 mai

deviens

ton

propre

art

phases du 149ème jour
29 mai

l'ancienne personne
que tu étais
n'est plus
elle ne reviendra pas

chaque phase
se doit d'être
célébrée

le sombre
le beau
le moche
accepte-les

parce qu'au bout du compte
c'est toi
et personne d'autre

lettre du 150ème jour
30 mai

lettre à nous :

je pense que la première chose que l'on devrait célébrer, ce ne sont pas nos réussites. bien avant cela, il y a quelque chose de plus profond, plus délicat. quelque chose qui nous définit en tant que *nous*. je suis une seule et même personne, mais je suis passée par plusieurs moi, un peu plus évoluée à chaque fois. quand je regarde en arrière, je suis fière. fière de nous et du chemin qu'on a parcouru. parce qu'au final, ce sont toutes ces petites choses, ces infimes détails de la vie qui nous forgent. il y a eu un nous innocent, un nous jeune, un nous adolescent, un nous fou, un nous destructeur, un nous perdu, un nous plein d'amour, un nous heureux. alors **acceptons-nous et célébrons-nous**. parce que chaque jour, on gagne un peu plus de nous.

jumelles du 151ème jour
31 mai

appréhende le futur
comme une simple direction
un trajet à suivre
qui peut toujours changer

message du 152ème jour
1er juin

ce sur quoi il faut se concentrer :

bonheur

question du 153ème jour
2 juin

ils lui ont demandé

"pourquoi tu aimes le noir ?"

elle leur a répondu

"parce que j'ai déjà l'esprit trop coloré."

pigments du 154ème jour
3 juin

allume les couleurs
qui se cachent à l'intérieur

extérieur du 155ème jour
4 juin

je me suis toujours demandé
quelle était la vraie couleur de
l'herbe
est-ce qu'ailleurs elle serait
différente, violette ou plutôt
discrète ?
je l'imagine grande, dorée avec
des reflets captivants
mes yeux ne pourraient
s'empêcher de les regarder valser
au gré du vent
le soleil se montrerait alors et
les brins en plein bain
s'exprimeraient en flamboyant sur
l'instabilité du temps
ce serait comme un doux rêve sur
lequel on pourrait se balader
mes pieds voudraient s'y enfoncer
jusqu'à ne plus pouvoir remonter
je voudrais sentir la couleur, voir
l'odeur et enfin comprendre mon
erreur : l'herbe n'a jamais été plus
verte *ailleurs*

intérieur du 156ème jour
5 juin

pourquoi tu persistes
à chercher chez les autres
ce qui se trouve déjà en toi

— *everything is in yourself*

feu du 157ème jour
6 juin

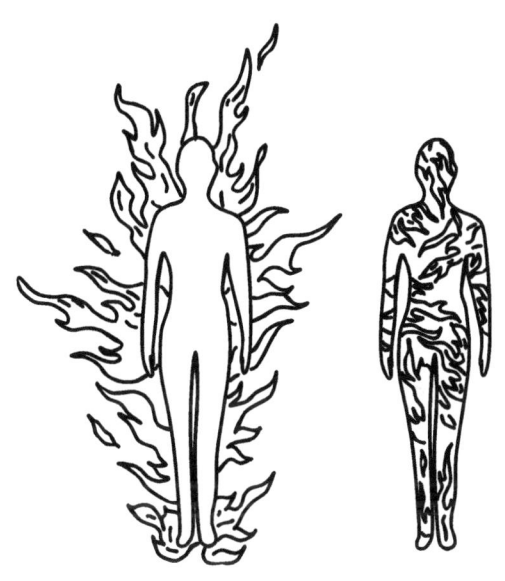

on est tous étincelants

désa-corps du 158ème jour
7 juin

la différence
une préférence
une imperfection
une séparation
de plusieurs corps
en désaccords

la différence
une puissance
un art
un regard
de plusieurs âmes
amalgames

la différence
l'indifférence
la similarité
l'humanité

vision du 159ème jour
8 juin

des yeux différents

voient différentes choses

question du 160ème jour
9 juin

ils lui ont demandé

"pourquoi tu ne veux pas signer de CDI ?"

elle leur a répondu

"je crois que je ne suis pas faite pour travailler cinq jours par semaine et vivre le week-end. je suis faite pour l'aventure, les road-trips, les randonnées, les voyages et les imprévus. je suis née pour profiter de la vie un peu plus que deux jours par semaine."

— I made my choice

destinée du 161ème jour
10 juin

on dirait que certaines âmes sont faites pour voyager

adaptation du 162ème jour
11 juin

s'évader
ou s'ouvrir au monde
aux cultures
aux populations
aux différences
découvrir de nouvelles idées
changer sa manière de penser
s'adapter

distinction du 163ème jour
12 juin

vole à ta manière
de travers
en solitaire
parce qu'on n'en a que faire
des autres oiseaux

particularité du 164ème jour
13 juin

plonge au plus profond de ton être
là où les mystères résident
deviens l'explorateur intrépide de tes propres émotions
la cartographe de ton âme
en devenant ta propre expérience
en te découvrant toi-même
tu offres au monde une lumière
que nul autre ne peut émettre

fusée du 165ème jour
14 juin

escape

the

ordinary

divergence du 166ème jour
15 juin

reste cette personne
bizarre
qui dérange
qui se démarque
du plus grand nombre

— be extraordinary

arbitre du 167ème jour
16 juin

FAIS-TOI TA PROPRE OPINION

tout le temps, tu l'entends "tu devrais faire comme ça", "c'est trop risqué", "ce n'est pas un endroit pour les femmes seules". tous ces gens qui donnent leurs avis sur ta propre vie. mais la réalité, c'est qu'ils ne savent pas comment ce sera pour toi. ils ne sont pas toi. entends-les, mais ne les écoute pas. tu découvriras par toi-même, tu seras ton propre juge.

fais tes propres choix

crée-toi ta propre opinion

contour du 168ème jour
17 juin

l'avis des autres
c'est un simple reflet
de leurs propres limites

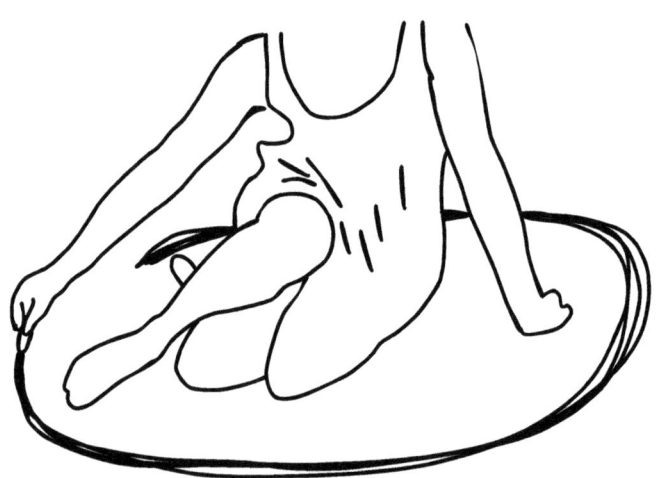

fable du 169ème jour
18 juin

on est tous nés sous le même ciel
avec des histoires différentes

il était une fois ...

librairie du 170ème jour
19 juin

le monde est une géante bibliothèque
là où repose des milliards d'histoires
des livres jamais écrits
des chapitres
ne portant même pas de titre
simplement des traces
quelques lettres
formant des mots
un message
une signature
des petits dessins
effacés par le temps
un passé à s'inventer
un futur à créer
des morceaux de notre passage
qui édifient chaque nouvelle page

— *the unwritten story*

lettre du 171ème jour
20 juin

lettre aux inconnus de passage dans notre sillage :

malgré les années, on se rappelle toujours de vous. vous êtes apparus au moment où on en avait le plus besoin. pur hasard ou simple destin, la vie a voulu vous mettre sur notre chemin, dans ce noir que seul nous pouvions voir. votre arrivée a tout illuminé tel **un soleil dans l'obscurité**. pourtant, ce n'était rien, une simple poignée de main. mais c'est ce geste qui nous a relevées. une parole, un sourire, une présence. en réalité, on a besoin de peu. et sans le savoir, ce jour où vous étiez là, prêts à tendre votre main, vous avez sauvé une âme. à vous, à toutes ces personnes que l'on a rencontrées sans même savoir comment vous vous appeliez, merci. merci d'avoir été là, on ne vous oubliera pas.

story du 172ème jour
21 juin

les personnes de passage
vont connaître un morceau de ta page
tes connaissances
un résumé de ton existence
tes amis
liront tous tes chapitres
mais les bonnes personnes
t'aideront à écrire ton histoire

taste du 173ème jour
22 juin

certaines pertes ont un goût de liberté

porte du 174ème jour
23 juin

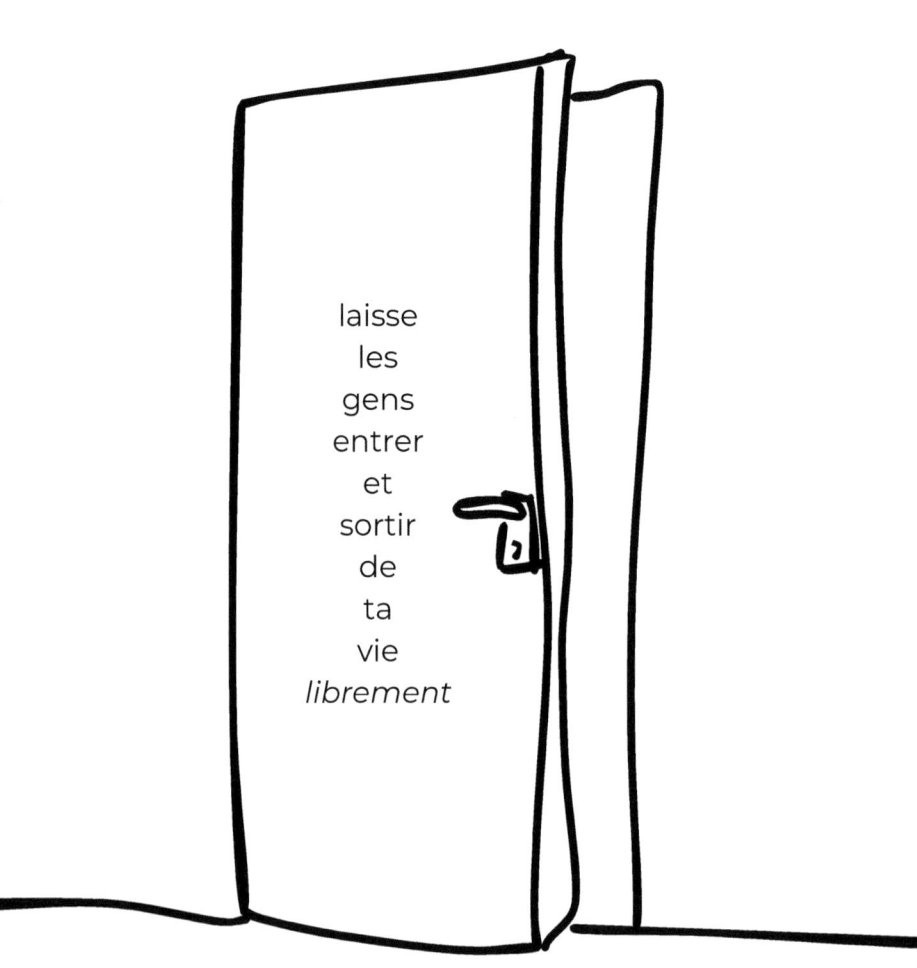

rencontres du 175ème jour
24 juin

en voyage, je pense qu'on apprend
beaucoup des autres

beaucoup plus
qu'en temps normal

on crée des connexions
plus profondes
si simplement
si rapidement

c'est comme si on s'était connus
dans une autre vie et que
ce monde-ci
nous avait réunis

c'est étrange mais
tellement agréable à la fois

et j'en viens à penser
que c'est le destin
nos chemins devaient se croiser

amitié du 176ème jour
25 juin

choisis ceux
qui connaissent tout
tes défauts
tes différences
tes erreurs
tes valeurs
tes peurs
mais qui malgré tout
décident toujours de voir
le meilleur en toi

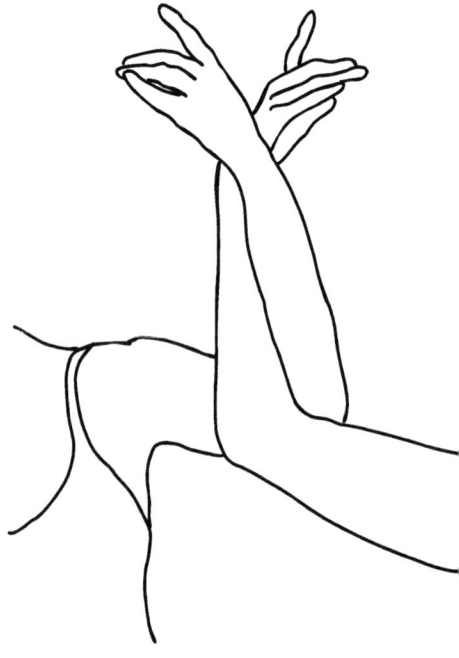

sourire du 177ème jour
26 juin

j'aime les personnes simples qui ne se prennent pas la tête. celles qui rigolent tout le temps, qui transportent la joie de vivre sur leur visage, le genre qui te donne envie de sourire rien qu'en les voyant. celles avec qui tu peux parler de tout et de rien, qui t'écoutent sans te juger. celles qui s'intéressent à tout, qui aiment tout, qui ont l'esprit ouvert, aussi léger que l'air.

je vous aime parce que vous nous rendez heureux
grâce à vous le monde se porte mieux

— *particules de bonheur*

mains du 178ème jour
27 juin

depuis toujours
on nous apprend à raisonner
mais si pour une fois
on nous montrait que la vie, c'est aussi ça :
se laisser aller
rêver
essayer
rater
se relever
recommencer
réussir
aider
sourire
aimer
continuer

question du 179ème jour
28 juin

ils lui ont demandé

"quelle est ta destination préférée ?"

elle leur a répondu

"je vais vous dire un secret. en réalité, ce n'est pas réellement la destination qui importe. ce sont les relations que tu crées qui rendent le voyage incroyable, la destination mémorable. quel que soit l'endroit où tu vas, au bout du compte, c'est l'amour qui l'emporte. *toujours*."

koselig du 180ème jour
29 juin

avec qui tu es quand tu te sens bien ?

définition du 181ème jour
30 juin

koselig

norvégien

un sentiment de satisfaction profonde, procuré par une personne, un lieu ou une atmosphère, qui permet d'éprouver le bonheur et le bien-être personnel grâce à la combinaison de la nature, de la compagnie et de la convivialité

memories du 182ème jour
1er juillet

ce qui rend le voyage extraordinaire
ce sont les gens
les endroits
les souvenirs
les sentiments et les moments
les sourires et les rires

— *unforgetable moments*

rictus du 183ème jour
2 juillet

parfois la plus courte distance
à parcourir entre deux étrangers

c'est *un sourire*

lettre du 184ème jour
3 juillet

lettre aux backpackers devenus des amis :

tout commence par un hasard ; une phrase, un geste ou un sourire. ça enchaîne avec une discussion, un partage et plusieurs rires. à partir de là tout s'enchaîne au naturel. le matin, on ne se connaissait pas et le soir, on part faire une balade au clair de lune à la recherche d'étoiles bleues. on découvre et on se découvre, un bout du monde, un bout de nous. d'étrangers croisés sur notre passage, vous devenez **compagnons** faisant partie du voyage. ne serait-ce que quelques heures, quelques jours, votre présence a compté. parce que c'est ça la beauté de voyager : se lier d'amitié avec de parfaits inconnus. à tous ces instants passés, ces rires partagés et cette intensité. à bientôt ou... *à jamais.*

brise du 185ème jour
4 juillet

tu vois
ces moments
qui durent
un battement
courts
éphémères
comme une brise
dans l'air
mais absorbants
prenants
ils laissent
des traces
un sourire
gravé
un souvenir
marbré

apesanteur du 186ème jour
5 juillet

et toi
comment tu décrirais l'amour ?

fantasme du 187ème jour
6 juillet

tu
m'entends
quand
je voyage
dans
tes
pensées ?

fusion du 188ème jour
7 juillet

ce moment quand tu vois dans ses yeux
toute la magie de l'instant
qu'il ressent le même feeling que toi
et tu te rends compte que
tu vis vraiment

limpidité du 189ème jour
8 juillet

je veux être *invisible*
aux yeux de tous ceux
qui ne savent pas regarder avec le cœur

clareté du 190ème jour
9 juillet

une minute

arrête tout ce que tu fais
et prends une minute
en silence
pour regarder le ciel
dehors
par la fenêtre
dans ta tête
contemple-le encore un peu
et souris
tu viens de te rendre compte
qu'elle est géniale
ta vie

musicalité du 191ème jour
10 juillet

on a besoin de rien de plus
que des fragments d'émotions *réelles*

festivité du 192ème jour
11 juillet

danse
ris aux éclats
arrête et lève la tête
danse
tu as la vie devant toi
ralentis et écoute la fête
danse
émerveille-toi
aime tel un poète
danse
sois fière de toi
voyage et pars en quête
respire
ouvre les yeux

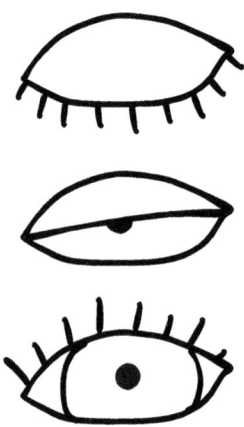

oeil du 193ème jour
12 juillet

je vois le monde

ce que je veux dire par là, c'est que je le ressens, je le touche, je l'inspire et m'inspire, cent fois. je l'entends au loin, je le perçois tout près de moi. de temps en temps, il m'échappe alors je cours, à bout de souffle, je le rattrape. je le vois, mais je le sais, mes yeux ne suffisent pas. je veux voir en vers et à l'envers, au travers des terres et sans repère, dans les recoins des cœurs oubliés et des mots éparpillés. je voudrais les rassembler pour se les rappeler et comprendre qu'en réalité, on n'avait jamais vraiment *regardé*…

dissimulation du 194ème jour
13 juillet

les plus belles choses
sont souvent

cachées

question du 195ème jour
14 juillet

ils lui ont demandé

"qu'est-ce qui t'a le plus marqué pendant tous tes voyages ?"

elle a attendu un vrai moment avant de répondre, prenant le temps d'observer les alentours.
puis doucement, elle répondit

"le silence."

son du 196ème jour
15 juillet

c'est le désert
ses couleurs sombres et austères
avec toutes ses plantes acérées
qui ont su résister
s'adapter
face aux températures extrêmes
aux paysages silencieux

c'est le lever du soleil
au petit matin

ce sont les étoiles
dans la nuit noire

le silence devient le bruit
un souvenir à jamais ancré
sans aucune sonorité

communication du 197ème jour
16 juillet

et si le silence pouvait parler ?

intériorisation du 198ème jour
17 juillet

il y a ces instants suspendus
où l'air semble s'alourdir
où le monde retient son souffle

c'est une présence invisible
qui résonne au creux du corps
comme un écho qui perdure

dans cet espace sans bruit
quelque chose en moi vibre
je me découvre autrement
comme un reflet sur une eau immobile

— *miroir de l'âme*

infinité du 199ème jour
18 juillet

ressens ce vide
absolu et
insondable
il n'est pas en toi
mais tout autour

voix du 200ème jour
19 juillet

vous savez cette voix
pas celle que l'on entend
mais celle à l'intérieur
qui nous souffle parfois
ce qui est juste
ou ce qui ne l'est pas
qui murmure tout bas
ce que l'on croit
qui s'introduit et te crie
que ta place est ici
que cette personne
c'est pour la vie
que tu dois continuer
ou *tout arrêter*

cette voix que tout le monde a
mais que la plupart n'écoute pas

assemblage du 201ème jour
20 juillet

c'est dans le silence
que tout commence

c'est en coupant le bruit
qu'on entend enfin l'essentiel

raccordage du 202ème jour
21 juillet

disconnect

to

reconnect

light du 203ème jour
22 juillet

la page des tournesols

pour mettre un peu de soleil dans ta journée

choix du 204ème jour
23 juillet

il y a des âmes qui suivent la lumière
comme les tournesols suivent le soleil

même dans l'ombre elle savent où regarder
même dans l'attente, elles savent qu'il reviendra

voyager, c'est peut-être ça :
choisir de se tourner vers l'éclat du jour
même quand la nuit semble s'éterniser

définition du 205ème jour
24 juillet

fika

suédois

un moment pour ralentir et apprécier les bonnes choses de la vie

douceur du 206ème jour
25 juillet

il y a tellement de beauté
dans la simplicité

chanson du 207ème jour
26 juillet

c'est ce son
celui du monde
de la nature qui s'exprime
si tu l'écoutes bien
tu l'entends
elle raconte sa propre histoire
dans les feuilles qui valsent le soir
les oiseaux qui chantonnent des airs d'été
le vent qui murmure dans les champs de blé
alors que le monde s'endort
la nature prend vie dehors
maintenant ferme les yeux
tu n'as plus qu'à l'écouter
te laisser bercer

— *berceuse naturelle*

marguerite du 208ème jour
27 juillet

tout a une connexion, nos âmes, les arbres, le soleil d'été, la rivière, les pensées attristées, les animaux. c'est bien de laisser la nature tranquille et simplement s'extasier sur la possibilité de regarder le monde vivant. un papillon qui passe sur ton chemin, le vent qui souffle sur ta peau, le bruit de l'eau qui s'écoule, le soleil qui te réchauffe doucement, l'odeur de l'herbe fraîchement coupée et cette marguerite qui danse paisiblement au rythme du temps. et en l'observant, tu te rendras compte qu'elle est belle. bel et bien à sa place, ici, seule au milieu de tous. et toi, tu as ce privilège, *celui de l'observer.*

poésie du 209ème jour
28 juillet

les baisers du vent
les câlins de la pluie
l'innocence de la lune
les caresses de la rivière
la légèreté des oiseaux
la douceur des étoiles
la chaleur du soleil

— *earth*

temples du 210ème jour
29 juillet

la terre   ton corps   ton esprit

  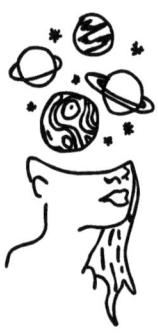

tu sais quels sont leurs points communs ?
les trois sont ta maison

— *prends en soin*

appétit du 211ème jour
30 juillet

aujourd'hui, c'est la fin. les glaciers pleurent pendant que les conflits pleuvent, la guerre se noie dans la mer que les réfugiés essayent de traverser. l'économie est une épidémie torrentielle qui dévie sur l'humanité. a-t-elle un jour existé ? je regarde le ciel, il devient tout gris, on dirait que l'espoir n'a plus d'appétit. mais moi, j'ai faim. j'ai faim d'un avenir plus joli où le soleil brillera au son de la pluie, où la planète sourira quand on la protégera, où les menaces seront de magnifiques fleurs aux mille couleurs. je rêve d'un monde où la bienveillance sera notre source de vie, où les habitants seront des êtres *humains*. alors oui, j'ai faim. j'ai faim d'un monde sans fin.

rappel du 212ème jour
31 juillet

REMINDER

tu as le pouvoir d'aider
à changer le monde
grâce à tes choix
ceux que tu fais
dans la vie *de tous les jours*

boxe du 213ème jour
1er août

je veux me battre
pour moi
pour ma liberté
pour exister

je veux me battre
pour les femmes
pour nos droits
pour notre courage

je veux me battre
pour le monde
pour le climat
pour le futur

je veux me battre
pour la vie

bataille du 214ème jour
2 août

fight for what's right

astre du 215ème jour
3 août

oui, nous sommes bien là :

retour aux sources du 216ème jour
4 août

parfois la nature
c'est tout ce dont tu as besoin

lettre du 217ème jour
5 août

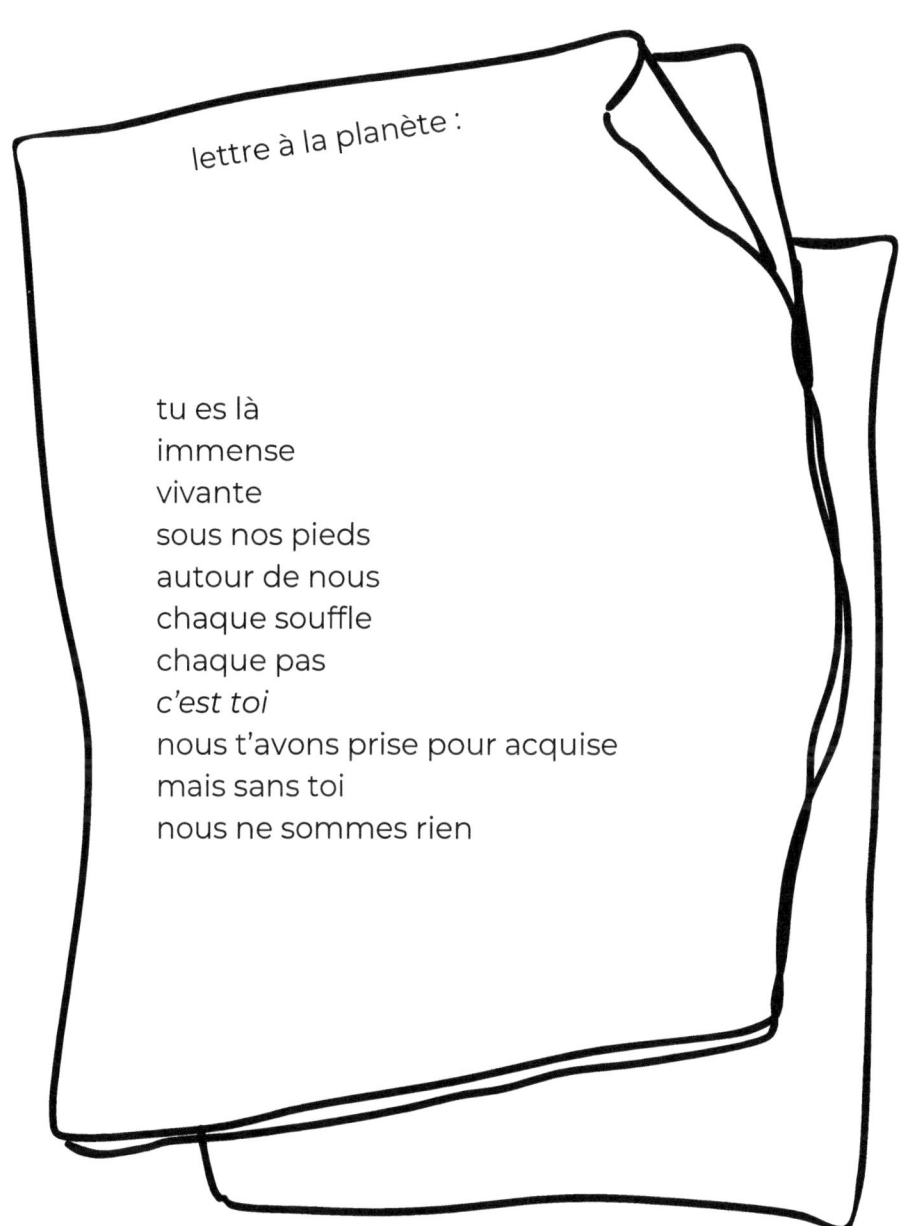

lettre à la planète :

tu es là
immense
vivante
sous nos pieds
autour de nous
chaque souffle
chaque pas
c'est toi
nous t'avons prise pour acquise
mais sans toi
nous ne sommes rien

tête-à-tête du 218ème jour
6 août

le monde est si vaste. vaste au point de créer des populations différentes, une faune d'une incroyable diversité et une flore qui change de décors à travers les saisons, les différents horizons. vaste au point de contenir des centaines de milliards de mètres cubes d'eau, de l'appeler "mer" et de la faire rencontrer la terre. ce tête-à-tête fait naître des merveilles : des montagnes, des volcans, des canyons, des lacs, des collines, des déserts, des rivières, des forêts, des dunes, des étendues à perte de vue… vaste au point de ne plus savoir si je suis sur terre ou dans les airs. tout cela est lunaire. pourtant, quand je regarde mes pieds, ils touchent bel et bien la terre.

— eyes on the moon
feet on the ground

4x4 du 219ème jour
7 août

je veux rouler
rouler et rouler
jusqu'à en avoir la rétine
époustouflée
l'âme qui déborde
le bonheur qui s'invite en DJ
le sentiment d'en avoir jamais
assez
de voir tous ces paysages défiler
et les kilomètres s'enchaîner

— on the road again

boulimie du 220ème jour
8 août

c'est cette grandeur
cette immensité sans fin
qui me donne l'envie d'avancer

le monde est vaste
plein de ressources et de surprises
comment pourrais-je m'arrêter de découvrir ?

alors qu'il me reste tant ?
comment appeler ma curiosité à s'apaiser
et prendre finalement le temps d'être assoiffée ?

auto-stop du 221ème jour
9 août

emmenez-moi

expédition du 222ème jour
10 août

la route est ma maison
le monde est mon jardin
je le peins de mes propres mains
pour y laisser les traces de mes doigts
au rythme de mon cœur qui s'en va

— *périple à l'horizon*

pieds nus du 223ème jour
11 août

être sur la route
synonyme de doutes
rouler sans savoir où aller
quel chemin emprunter
mais vivre avec le soleil
sourire des petites choses
pleurer avec la pluie
dormir avec son clapotis
être perdue dans la nature
marcher sans chaussures

c'est fort
c'est dur
c'est doux
c'est intense

tout peut arriver
parce que c'est ce qui se produit
chez les gens qui aiment la magie de la vie

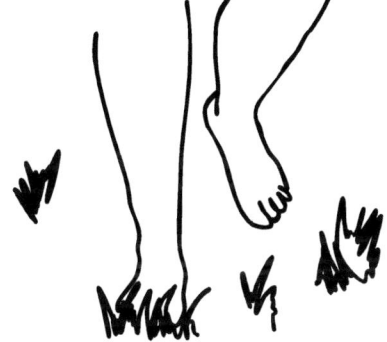

question du 224ème jour
12 août

ils lui ont demandé

"est-ce que tu regrettes ?"

un air de surprise passa furtivement sur son visage puis l'assurance rayonna dans tout son être

elle leur a répondu

"pas une seule seconde"

énergie du 225ème jour
13 août

les choses que tu fais
que tu adoptes
que tu crées
n'ont du sens
que si tu y mets
de l'énergie
du cœur
du temps

— les ingrédients essentiels

plongeon du 226ème jour
14 août

ne mets pas juste un pied

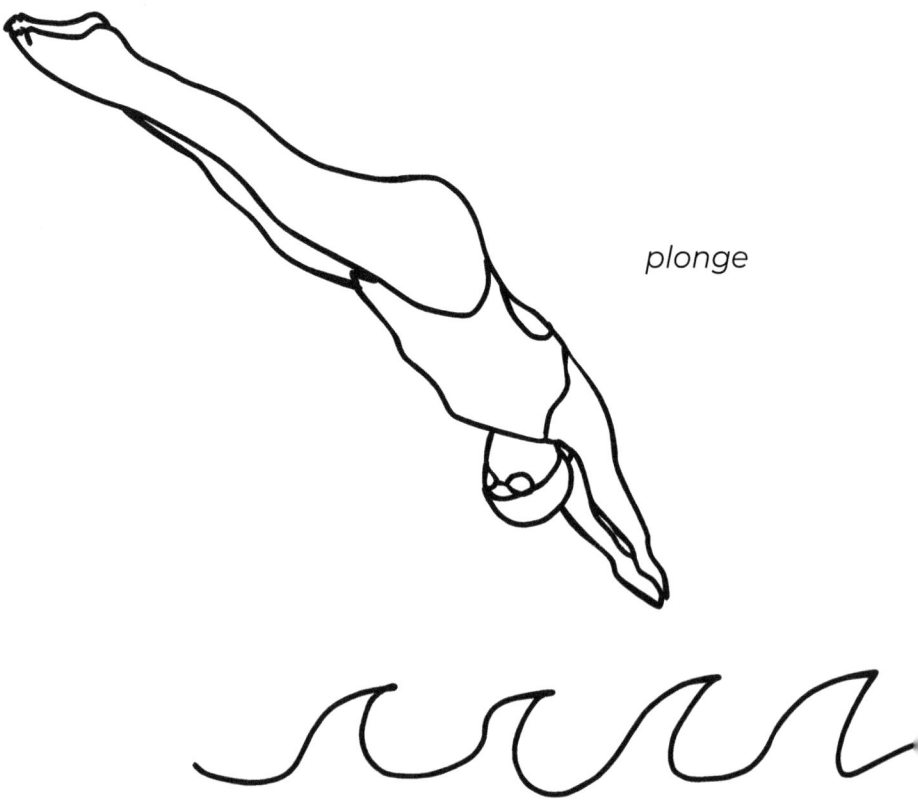

plonge

immerge ton corps **en entier**

sensibilité du 227ème jour
15 août

ouvre ton cœur et laisse-moi y entrer, petit à petit. je veux que tu sois capable de sentiments intenses, aussi profonds que l'océan. laisse-moi t'envahir tout entière jusqu'à accélérer ton souffle, faire frémir ta peau, accélérer les battements imperceptibles de ton cœur. perçois le monde entièrement, pleinement. nourris-toi de toute cette vie, ces petites merveilles du quotidien, ces personnes croisées sur ton chemin. éprouve-les. utilise tes cinq sens et hasarde-toi à en découvrir un nouveau. après tout, c'est ce qui arrive quand on laisse notre cœur parler.

— *immergée*

profondeur du 228ème jour
16 août

fais-toi une promesse
dans le cœur
silencieuse
jamais écrite
quel que soit le temps
l'endroit
les gens

elle est là

bulle du 229ème jour
17 août

fais quelque chose que tu aimes
qui te fait perdre la notion du temps
quelque chose qui te transporte
dans un autre monde

celui de ta propre création

peinture du 230ème jour
18 août

je suis ce que je crée de moi

coulures du 231ème jour
19 août

je me répands

telle la peinture fraîche

chaque mot glisse

chaque émotion déborde

et pourtant tout prend forme

toile du 232ème jour
20 août

je cavale les paysages
ils défilent au gré de mon état d'âme
comme des tableaux vivants
détenus en captivité par le temps

solitude du 233ème jour
21 août

quand je suis devant un paysage merveilleux, je peux rester là, à l'observer des heures durant. je pense à ma vie, à la femme que **je suis**.

il y a ces montagnes insaisissables et le bruit de l'eau qui s'écoule paisiblement. en tournant le regard, j'aperçois mon reflet dans l'eau transparente de la rivière.

je me regarde un instant, m'observant et m'analysant avant de me balayer d'un coup de main. l'eau déforme mon visage et brouille mes pensées. et soudain je réapparais, souriante, **presque invincible**.

j'ai cette agréable impression silencieuse de me retrouver seule *face au monde*.

essence du 234ème jour
22 août

je comprends

je vois

je sens

j'entends

je parle

j'aime

je fais

je suis

accorder du 235ème jour
23 août

pendant tout ce temps
j'ai vécu dans le corps d'une femme
que je ne connaissais pas très bien
alors je suis partie à la rencontre
du personnage principal de ma vie

— *on my way*

chemin du 236ème jour
24 août

she walks alone
avec son sac à dos et ses rêves
on the path of the world
elle trouve ses repères
with fear but without hesitation
elle fonce dans l'inconnu
discovers something new
une part d'elle-même à découvert

évidence du 237ème jour
25 août

je veux voyager seule

à force de partir, je me suis rencontrée. pas comme un reflet dans le miroir, mais comme une évidence qui avait toujours été là. alors il fallait que je continue dans cette direction, il fallait que je continue à voyager seule pour aller encore plus loin. parce que ce voyage, il ne ressemble à aucun autre voyage. il est différent, pas comme les autres. c'est difficile de décrire ce que l'on ressent vraiment. les moments deviennent plus intenses, plus grands, plus importants. les sentiments sont éruptifs, enivrants, ils débordent. ton cœur explose, ton âme vole en éclats.

je crois que ce voyage, il est **interne**. il nous confronte à nous et nous demande de se remettre en question. surpasser ses pensées pour *accepter*.

refuge du 238ème jour
26 août

voyager seule, c'est un peu comme avoir
une cachette secrète sur la lune
délicieusement satisfaisante
une vue entière sur le monde et l'univers
et tu n'as pas à expliquer tes choix
à qui que ce soit
même la lune ne t'en voudra pas

renaissance du 239ème jour
27 août

hier encore, j'avais 15 ans. aujourd'hui, j'en ai 25. je ne sais pas vraiment ce qu'il s'est passé… les étés ont filé, mais dans ma tête, je suis restée figée à l'hiver dernier. et dans ce fracas, l'automne s'est immiscé pour me laisser le temps mitigé d'un moi oublié au travers des années. mais qui était cette petite fille innocente, tremblante et silencieuse ? celle qui avait du mal à sourire ? elle ne s'en rendait pas compte à ce moment-là, mais le monde s'ouvrait sous ses pieds. "une faille" pensait-elle. alors elle a escaladé au travers des marées, du vent, de la pluie, du froid glacial et de la chaleur exécrable. elle s'est fait avoir par la maladresse et les fausses tendresses. et puis un jour elle est arrivée. il y avait un soleil timide qui trônait si proche qu'elle aurait cru pouvoir l'attraper. le vent soufflait doucement dans ses cheveux dorés, laissant des frissons la traverser. elle voyait des couleurs qui n'existaient pas encore et sentaient des odeurs particulières, éphémères mais intensément séduisantes. comme l'émotion était trop fortement ressentie, elle le savait déjà : elle aurait toujours le souvenir de cet instant précis. *c'était le printemps.*
j'ai 25 ans, oui, mais voilà seulement que je fleuris.

accomplissement du 240ème jour
28 août

"elle est devenue l'amour qu'elle cherchait"

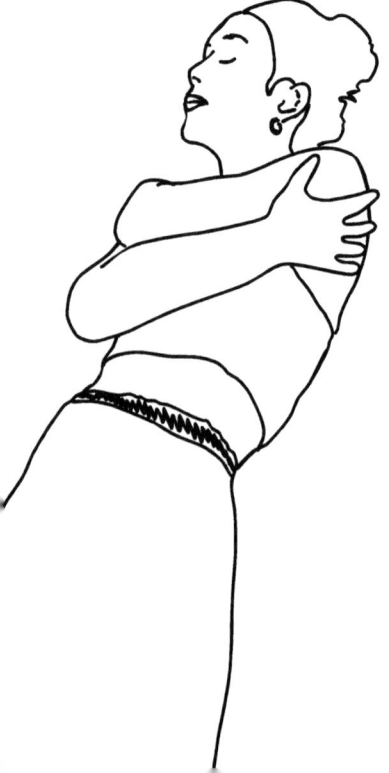

haïku du 241ème jour
29 août

mon monde,

des étoiles

voler

la galaxie

limite du 243ème jour
31 août

ils lui ont déclaré

"j'aimerais faire comme toi.
tu en as de la chance !"

elle leur a répondu

"tu peux faire comme moi. tout le monde peut faire comme moi. parce que cette "chance" ne tombe pas du ciel. je l'ai provoquée et je l'ai construite, jour après jour. ça n'a pas toujours été facile. ma vie n'a pas toujours été comme cela. mais voilà où je suis aujourd'hui et voilà où tu peux être demain."

— *your own limit is you*

rêve du 244ème jour
1er septembre

je suis passée de mon lit
à rêver d'où je pouvais aller
au sommet d'une montagne enneigée
à sourire d'où j'étais

— *make your dreams come true*

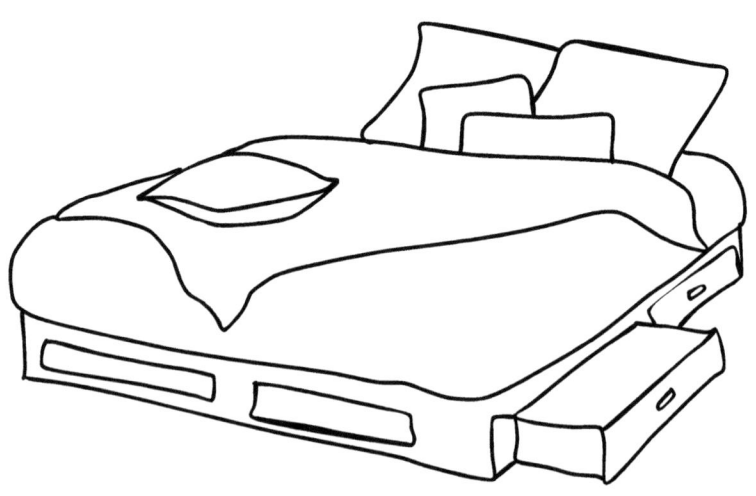

ambition du 245ème jour
2 septembre

l'avenir appartient à ceux
qui rêvent trop

création du 246ème jour
3 septembre

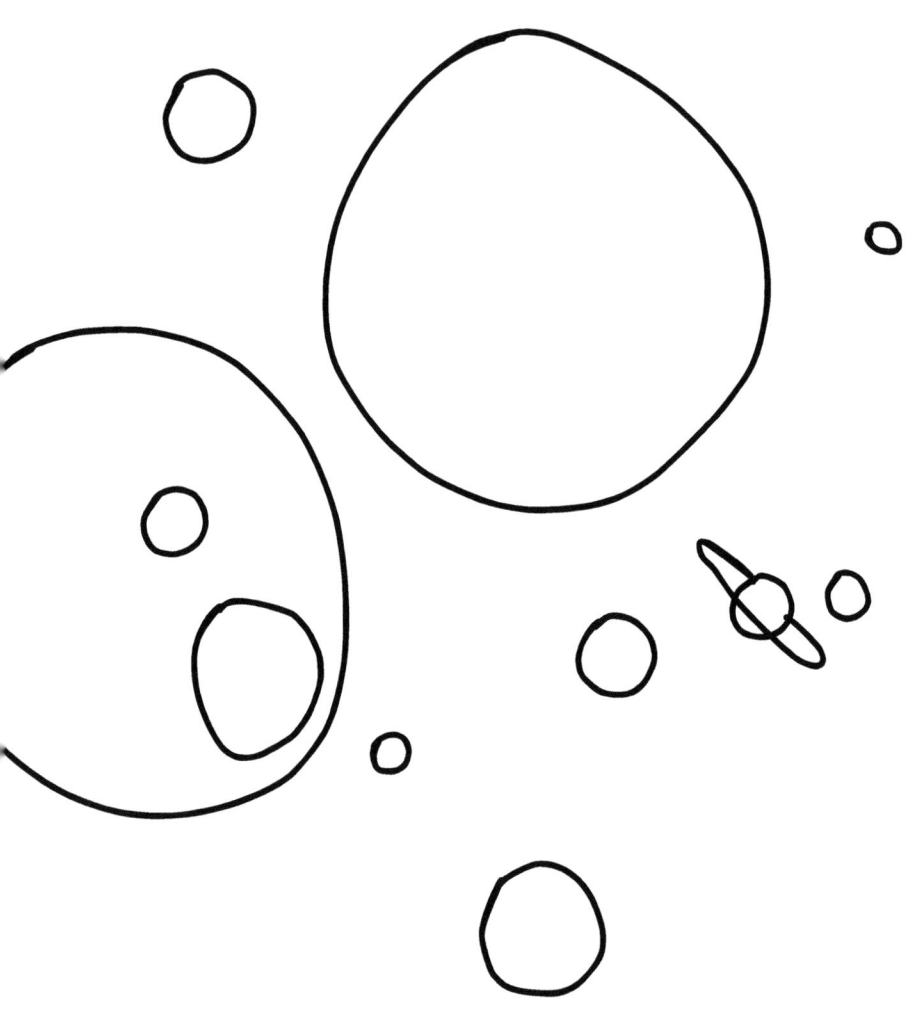

et alors que tu avais choisi l'espoir
l'univers t'a montré son art
il t'a doucement susurré
la singularité de son arrière-pensée
"tout est possible"

infini du 247ème jour
4 septembre

ton voyage
commence
vraiment
quand
tu comprends
que les
frontières de
ton potentiel
sont **illimitées**

together du 248ème jour
5 septembre

la vie

est une forêt inépuisable
où tes rêves grandissent
même après un incendie

la confiance

est une étoile qui brille
en particulier dans les nuits les plus noires

l'univers

est un compagnon discret qui marche à tes côtés
quoiqu'il arrive

et tous les jours

ensemble avec la vie, la confiance et l'univers
tu vas écrire les plus belles lignes
de *ta propre histoire*

vrikshasana du 249ème jour
6 septembre

trust

the

universe

passe-partout du 250ème jour
7 septembre

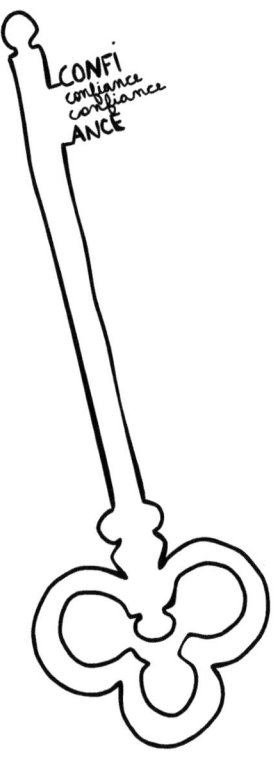

— *la confiance est la clé*

frissons du 251ème jour
8 septembre

ils lui ont demandé

"mais tu n'as jamais peur ?"

elle leur a répondu

"j'ai la trouille.
je tremble à chaque voyage,
mais j'y vais quand même."

— *la peur porte mon nom*

vertige du 252ème jour
9 septembre

oui, moi aussi j'ai des peurs

peur de perdre ce que j'ai
peur de ne pas être assez
peur de me perdre moi
peur d'avoir honte
peur d'échouer

mais je les combats
chaque jour
pour les transformer en *exploits*

ombre du 253ème jour
10 septembre

et parfois, la peur ne s'en va pas. elle reste bien accrochée à toi, et suit ton ombre à chacun de tes pas. tu as beau courir, danser, t'échapper et te couvrir d'intrépidité, elle reste là. même quand tu te retournes discrètement, tu l'aperçois. alors tu vas devoir le faire, envers et contre effroi avec cette peur. celle qui se cache *au fond du cœur*.

susurrement du 254ème jour
11 septembre

émoi du 255ème jour
12 septembre

et quand ils tournèrent le dos, elle murmura

"la peur ce n'est pas le pire..."

c'est le doute
il y a des jours où tu douteras de tout
tu te demanderas si tu as fait les bons choix
tu auras ce sentiment familier malgré toi
que ce que tu fais n'est pas assez

étoiles du 256ème jour
13 septembre

tu peux faire beaucoup

mais tu n'as pas à tout faire

inscape du 257ème jour
14 septembre

cela fait un moment que je conduis
roulant au travers de mes émotions
ma fenêtre donne directement sur ma quête
j'y découvre un peu plus de sens tous les jours

mais quand je regarde intensément
vraiment
j'y vois deux yeux verts qui me fixent
me pénètrent

ils me voient déambuler
à travers ces terres inconnues
explorer la douleur
tomber sur le bonheur
et finalement découvrir mon monde
celui de l'intérieur

— *voyage introspectif*

définition du 258ème jour
15 septembre

inscape

anglais

l'essence unique de la nature profonde d'une personne, d'un lieu, d'une chose ou d'un événement, en particulier décrite dans la poésie ou l'œuvre d'art

explosion du 259ème jour
16 septembre

le cours du soleil, je devrais le suivre. mais à la place, je file sous la pluie. les nuages sont gris et la route se rétrécit. j'entends le vent dehors, il souffle si fort. et toutes ces gouttes qui s'écrasent devant moi, j'ai froid. il fait si froid. je vois de grandes ombres qui dansent devant moi. c'est le noir total et puis; un tunnel. *le silence.* un face-à-face au rythme de l'essuie-glace. ce n'était pas la pluie, c'est tout mon être qui crie.

— *tempête humaine*

illumination du 260ème jour
17 septembre

pour que la lumière brille
de toute sa splendeur
la noirceur doit être présente

pensée du 261ème jour
18 septembre

parfois, je me demande
pourquoi je suis moi ?
avec ces yeux, cette peau, cette voix ?
pourquoi pas toi ?
avec ta vue, ton souffle, tes pensées ?

suis-je une âme tombée dans un corps,
ou un corps façonné par son âme ?

mais peut-être que dans le fond
je n'étais personne
jusqu'à ce que je décide de me construire
petit à petit
de *moi à moi*

rappel du 262ème jour
19 septembre

REMINDER

ne cache jamais qui tu es réellement

chute du 263ème jour
20 septembre

you fell

but I've got you

— I told to myself

ascension du 264ème jour
21 septembre

cette force
que l'on va chercher
au plus profond
elle nous ferait
soulever des montagnes
attraper la lune
inventer les étoiles
cette détermination
à toute épreuve
cette résilience
qui nous fait aller au bout
ne rien lâcher

dévotion du 265ème jour
22 septembre

retiens bien cela :

si tes intentions sont suffisamment fortes
tu trouveras *une infinité* de solutions

imagination du 266ème jour
23 septembre

ferme les yeux
imagine-toi
la beauté du ciel bleu

dessine-toi des nuages
invente-toi un soleil
qui te réchauffe la peau

tu es en sécurité
dans ton propre tableau

progression du 267ème jour
24 septembre

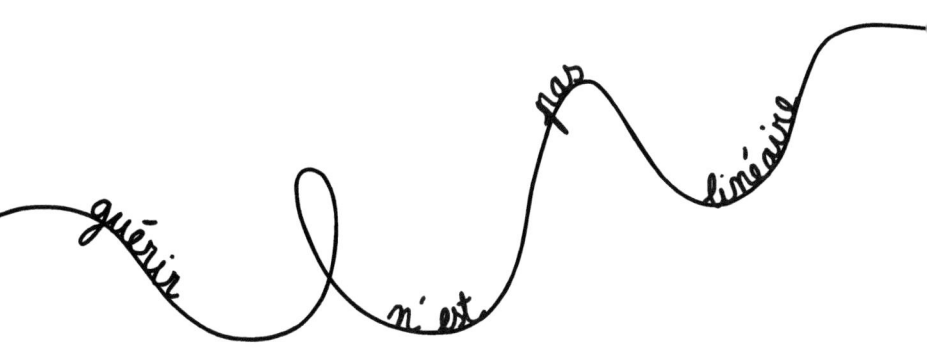

ne laisse pas cet instant
détruire les progrès que tu as faits

pause du 268ème jour
25 septembre

parfois tu dois juste prendre le temps
repose-toi
le monde peut attendre

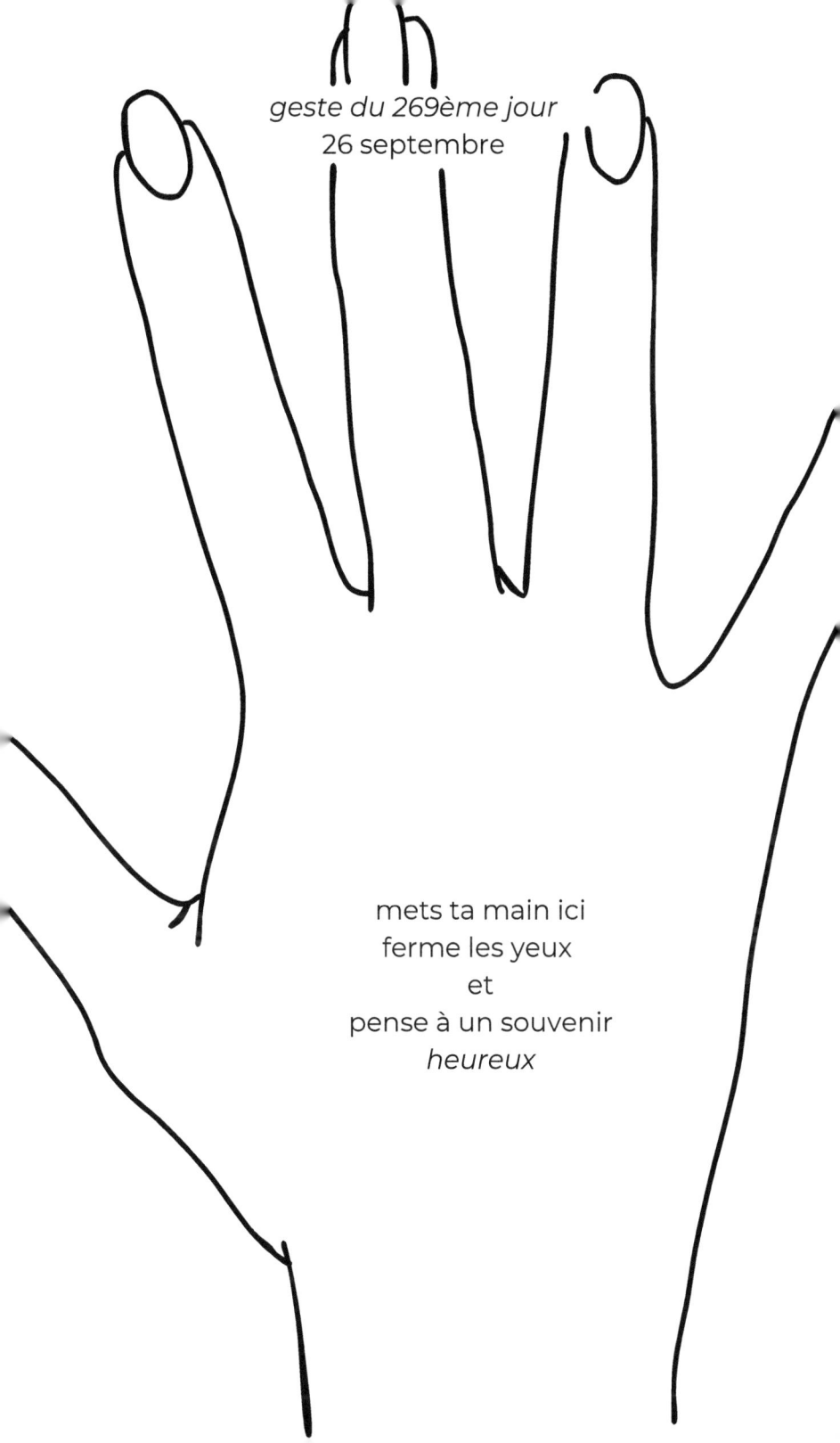

témoignage du 270ème jour
27 septembre

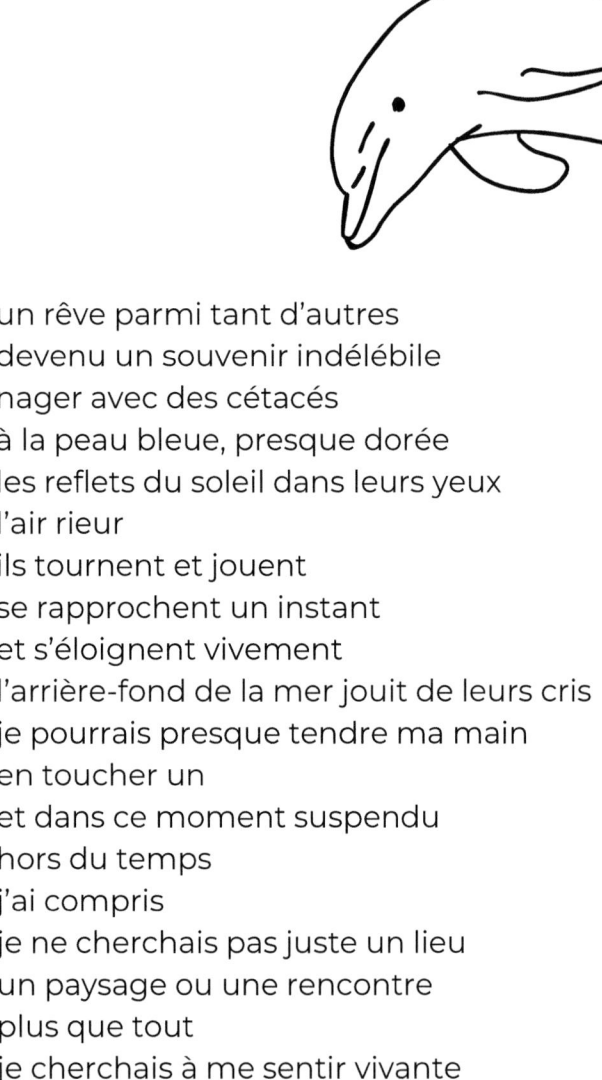

un rêve parmi tant d'autres
devenu un souvenir indélébile
nager avec des cétacés
à la peau bleue, presque dorée
les reflets du soleil dans leurs yeux
l'air rieur
ils tournent et jouent
se rapprochent un instant
et s'éloignent vivement
l'arrière-fond de la mer jouit de leurs cris
je pourrais presque tendre ma main
en toucher un
et dans ce moment suspendu
hors du temps
j'ai compris
je ne cherchais pas juste un lieu
un paysage ou une rencontre
plus que tout
je cherchais à me sentir vivante

— *émotions indescriptibles*

empathie du 271ème jour
28 septembre

de la compassion dans ses yeux verts
un léger sourire sur ses lèvres
elle déclara

"ne t'arrête pas sur les complications
reste concentrée sur l'évasion"

remède du 272ème jour
29 septembre

soigne-toi avec la beauté de l'amour
et souviens-toi toujours
tu es la solution

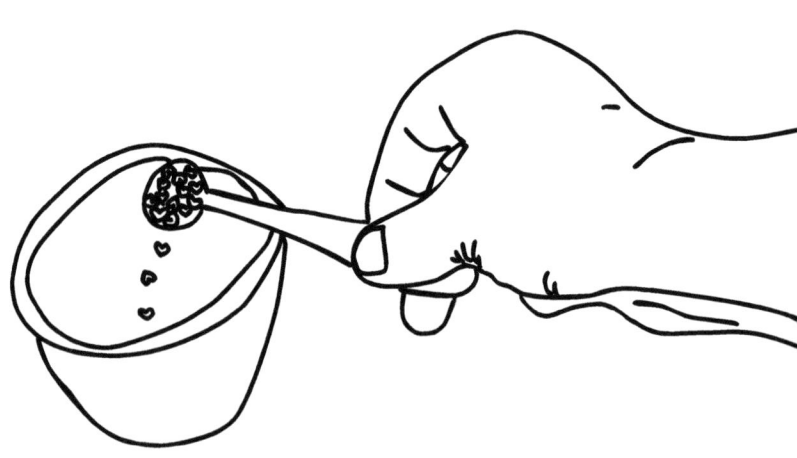

rappel du 273ème jour
30 septembre

retiens bien cela :

le vide crée l'ascension

spirit du 274ème jour
1er octobre

il y a ces moments
où tu as envie d'être folle
et tu réalises que la seule chose
dont tu as besoin
c'est de le faire

— *libre et indomptable*

émancipation du 275ème jour
2 octobre

OSER

aujourd'hui, je n'hésite plus.
si je n'ose pas là, demain sortira un livre intitulé "mon plus grand regret".

j'ai déjà osé et j'ai déjà échoué. mais je n'ai rien perdu, au contraire, j'ai appris. l'échec m'a façonnée d'une manière que je n'aurais jamais soupçonnée. et du plus profond de mon être, je le sais : il est bien moins douloureux que le regret de ne pas avoir essayé.

maintenant, j'y vais en fermant les yeux et je prends la faille d'une opportunité à peine révélée. ça m'ouvre des possibilités par milliers et déjà, je vois les papillons virevolter. oser m'a surprise, oser m'a fait flipper, mais oser, *c'est ma plus belle liberté.*

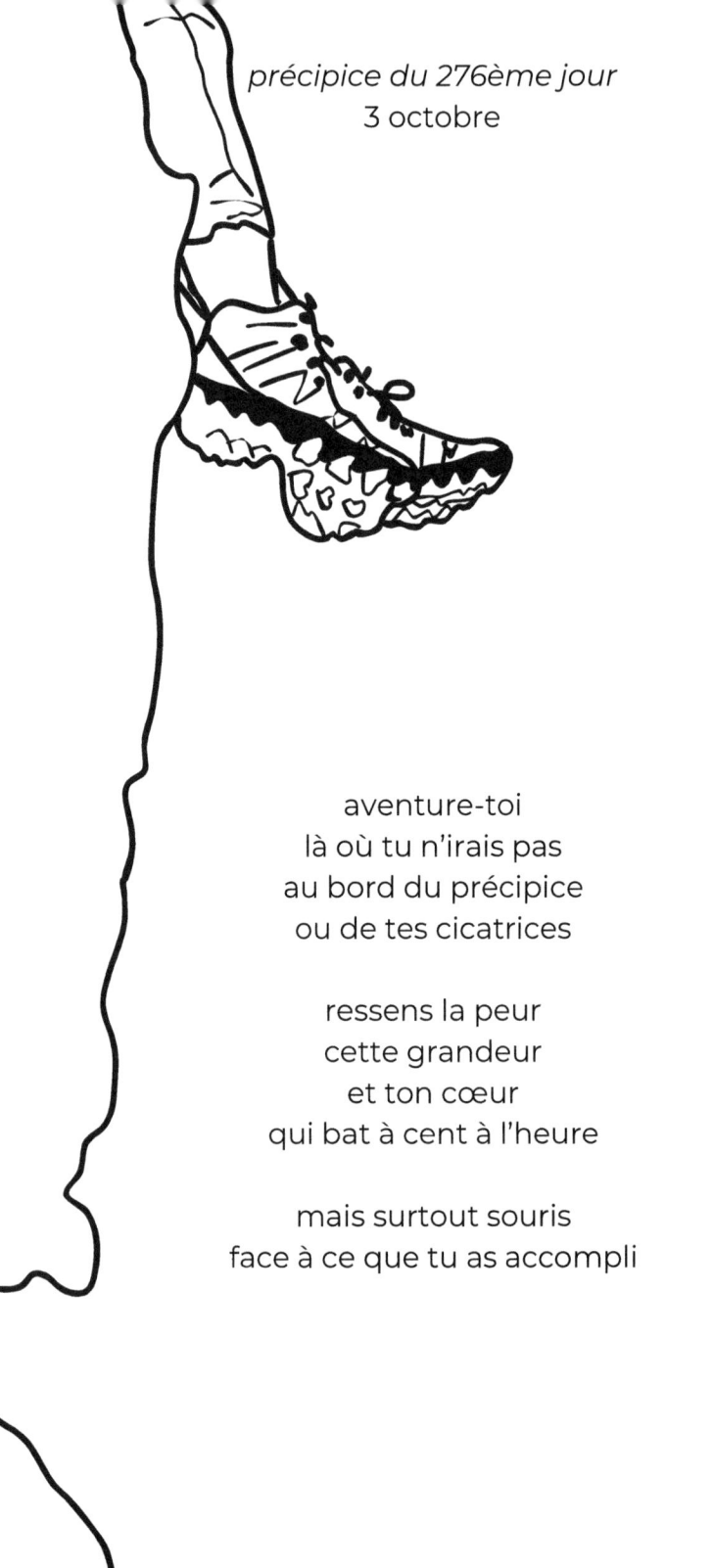

précipice du 276ème jour
3 octobre

aventure-toi
là où tu n'irais pas
au bord du précipice
ou de tes cicatrices

ressens la peur
cette grandeur
et ton cœur
qui bat à cent à l'heure

mais surtout souris
face à ce que tu as accompli

artifice du 277ème jour
4 octobre

j'ai encore des rêves de soleil
mais il se couche déjà
et bientôt tout recommencera

— *le cycle de la vie*

chaleur du 278ème jour
5 octobre

rayonne dans

- les petits instants
- la poésie de la routine
- les sourires de tes amis
- le cœur des géants
- les fleurs de ton jardin
- l'harmonie du temps
- le noir
- les souvenirs de ton enfance
- la fatigue du présent
- l'arc-en-ciel inexistant
- l'espoir
- les soupirs du vent

blanc du 279ème jour
6 octobre

*page blanche pour créer la vie que tu envisages *pour toi*

flottement du 280ème jour
7 octobre

essaye de te lever tôt le matin, quand il fait nuit et que le monde dort encore. tout est silencieux, un brin harmonieux, comme une pause dans le temps. à cette heure-là, personne ne sait que tu es là. il y a toi et ton cœur qui bat. tes problèmes n'existent plus, il y a juste toutes ces couleurs qui prennent place dans le ciel. ton esprit est en paix et plus rien ne compte à part cet instant : toi, le monde et ce lever du soleil.

lever de soleil du 281ème jour
8 octobre

aujourd'hui, je vois le futur
je suis là
assise sur ce nuage de soie
et je vois le monde se lever
pour la première fois
il y a une légère brise
qui me donne froid
mais le voilà déjà
brillant et fier
même le ciel en rougit
la montagne resplendit
et mon cœur crépite

"c'est ici" me suis-je dit
ici que les premiers rayons
éclairent notre planète
de la meilleure des façons

je ne peux m'empêcher de sourire
parce qu'aujourd'hui
je suis l'une des premières
à vivre

— at the other side of the planet

cloud du 282ème jour
9 octobre

et toi ?

définition du 283ème jour
10 octobre

latibule

latin

une petite cachette confortable ou un endroit isolé où l'on peut se retirer pour plus d'intimité ou de solitude

latibule du 284ème jour
11 octobre

j'adore ces endroits
qui vous font sentir tout petit
vous et vos soucis

timing du 285ème jour
12 octobre

il y a tant de choses à voir
de cultures à découvrir
tant de paysages à parcourir
tant de ce monde
et si peu de temps

— make the best of it

cours de récré du 286ème jour
13 octobre

la vie

est

un

terrain

de

jeux

tombola du 287ème jour
14 octobre

vois la vie comme un jeu
parfois tu gagnes
parfois tu perds
et chaque jour
est une nouvelle partie
une nouvelle vie

frivole du 288ème jour
15 octobre

et si on arrêtait de se prendre au sérieux ?

sérénité du 289ème jour
16 octobre

le monde autour de toi est magnifique
quand le monde en toi est *paisible*

discussion du 291ème jour
18 octobre

j'ai parlé aux fleurs tout à l'heure
elles sont toutes unanimes
elles veulent te ressembler

garden du 292ème jour
19 octobre

et toi, il ressemble à quoi ton jardin secret ?

immuabilité du 293ème jour
20 octobre

ils lui ont demandé

"combien de temps dure l'éternité ?"

elle leur a répondu

"la plupart du temps, elle dure longtemps.
souvent, elle n'a pas de fin.
mais parfois, il suffit juste d'une seconde."

— *l'espace d'un instant*

moments du 294ème jour
21 octobre

hygge du 295ème jour
22 octobre

PROFITE DE LA VIE

vis ta vie mais n'oublie pas de profiter. prends le temps de lire, d'écouter les oiseaux, de peindre la forêt, d'écrire un poème, de créer et de jouer, de te promener dans ton quartier à la nuit tombée. rends visite à tes grands-parents et reste là, à les écouter parler de leurs vies passées et de leurs histoires à méditer. aie un moment pour courir avec ton chien, arroser tes plantes, cuisiner ce que te donne envie, inviter tes amis et festoyer jusqu'à minuit. libère-toi du temps pour partir en week-end, sortir en ville, te balader en montagne et nager dans la mer. pause-toi un instant pour écouter ta musique préférée, sortir au musée et laisser ta curiosité parler.

parce que dans le fond personne ne se souviendra de ce que tu as. en revanche, on se souviendra de la personne que tu as été, tes passions, ton sourire, ton regard qui pétille et ta joie de vivre. et tout cela passe par là : *profiter de la vie.*

définition du 296ème jour
23 octobre

hygge

danois

1. profiter des trésors simples de la vie
2. savourer le moment présent
3. le confort de l'âme

mantra du 297ème jour
24 octobre

je n'ai pas le temps

pour les choses sans âme

hauteur du 398ème jour
25 octobre

mon sac sur le dos
je continue de grimper
avec le sommet dans la visée
seule et déterminée
j'entends les montagnes me parler
de liberté et de sérénité
je sais que je dois continuer
je puise ma force dans les cimes enneigées
et dans le chemin s'écriant de liberté
dans cette nature grandiose
je sens mon âme s'aventurer
et déjà elle s'en va
par-delà les sommets

randonnée du 299ème jour
26 octobre

toute expérience est bonne à prendre

peut-être que ce n'est pas celle dont tu t'étais imaginée, peut-être que ce n'est pas aussi lisse que dans tes pensées. mais c'est ça, la vie, une montagne à arpenter. il y aura beaucoup de côtes escarpées, de descentes troublantes et de sentiers cachés. ce ne sera pas toujours facile, tu vas en baver. alors quand tu seras désemparée, désorientée, pense à ce pourquoi tu as commencé. la raison qui t'a projetée dans cette étrange randonnée. est-ce qu'elle est toujours d'actualité ? ou ta direction a évolué ? tu peux décider de continuer, de monter encore et encore jusqu'à atteindre le sommet. tu peux être fière de toi et pleurer de joie. ou tu peux avoir le courage de tout abandonner, décider de faire demi-tour. tu t'es simplement trompée de montagne. et même si ce n'était pas le bon chemin, tu sais dorénavant que n'était pas fait pour toi. dans tous les cas, tu avanceras. et un jour, tout s'alignera : la montagne, le sommet et toi.

rappel du 300ème jour
27 octobre

REMINDER

ce n'est pas grave de se perdre
l'important c'est de se retrouver

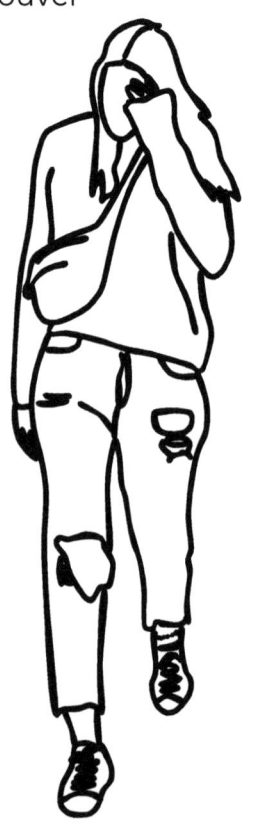

crayon du 301ème jour
28 octobre

j'espère qu'un jour, tu trouveras le courage
de prendre un crayon
et de raconter ta propre histoire

griffonnage du 302ème jour
29 octobre

je veux

vivre

une vie

qui

mérite

d'être

écrite

point de suspension du 303ème jour
30 octobre

quand je suis partie, j'étais un point d'interrogation oublié, une phrase en suspens attendant son complément. j'avais une intro claire, bien rédigée. le corps quant à lui grandissait et commençait à se poser des questions. pour toute réponse, il est parti. pas très loin non, assez proche pour se sentir en sécurité. c'est à ce moment que tout a commencé. d'abord timide et réservé, il a appris à s'adapter, s'écrire et se faire plaisir. il a commencé à comprendre qu'il fallait oser pour s'aventurer et se lâcher pour se libérer. les phrases espacées ont commencé à se resserrer et à s'enchaîner avec plus de fermeté et d'originalité. elles venaient de travers et à l'envers laissant les lettres se superposer et s'entrechoquer. il y avait tant de possibilités, de mots à interpréter que le corps s'essoufflait. il voulait tous les placer et les utiliser, il était ivre de toutes ces nouveautés. il n'était rien venu chercher et pourtant, on lui avait tout apporté. cadeau d'une déesse poétesse ou d'un corps prêt à changer, les lignes se succédaient sans arrêt. il semblerait qu'il n'eût jamais pris autant de plaisir à écrire. il a très vite compris qu'il se devait d'ajouter des pages même s'il se sentait encore en décalage. aujourd'hui, il a élargi son contenu à l'infini, laissant autant de pages que de voyages. la phrase du début quant à elle, est toujours en suspens. en revanche, elle n'attend plus son complément ; elle le crée chaque jour, chaque seconde, chaque instant…

art-deur du 304ème jour
31 octobre

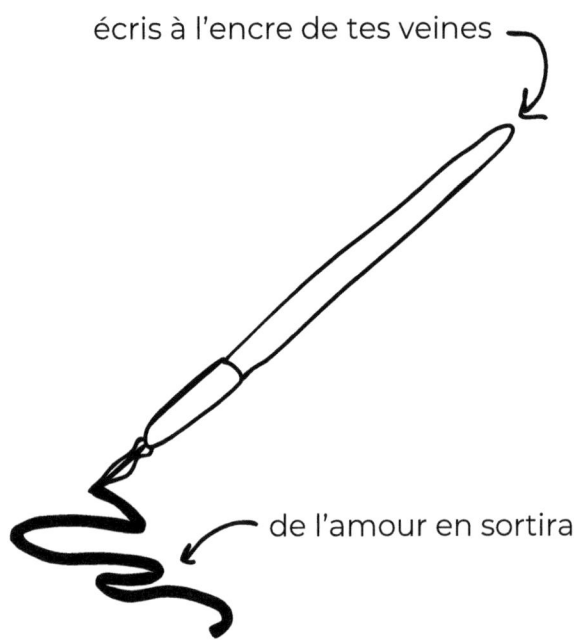

écris à l'encre de tes veines

de l'amour en sortira

— le plus bel art vient du cœur

dépaysement du 305ème jour
1er novembre

"d'où tu viens ?" on lui posait souvent cette question.

on vient tous de quelque part après tout.
on appartient tous quelque part.
parfois, ce quelque part est le même, parfois, il diffère. certaines personnes se sentent tellement en sécurité avec elles-mêmes qu'elles semblent appartenir partout où elles vont. d'autres se sentent nulle part chez elles. certaines trouvent leurs endroits, s'y développent et se laissent développer par lui. mais combien de temps cela prendra-t-il ? et si après tout ce n'était pas celui-là, le bon endroit ? je crois qu'on ne le saura pas. et pour certaines personnes, ce sera ni chez elles, ni ailleurs, errant entre deux univers. mais il y a une force dans tout ça, tu apprends à n'appartenir qu'à toi, *quel que soit l'endroit.*

safe place du 306ème jour
2 novembre

trouve ton lieu sûr
crée ta propre maison
et emporte-la partout avec toi

maison du 307ème jour
3 novembre

LA VAN LIFE

j'ai découvert une nouvelle vie. un côté nomade de ma personnalité que je n'avais jamais sillonné. mon confort est infime, j'ai peu d'habits, peu d'espace, mais cela me suffit. je n'ai jamais ressenti un sentiment pareil de liberté. pour la première fois, j'avais accès au monde entier depuis la fenêtre de ma maison. les problèmes sont synonymes de solution et le futur d'imprévus. j'ai vu, j'ai vécu, j'ai conduit, j'ai dormi, j'ai écrit sans limite. parce que la réalité, c'est que l'on peut tous se satisfaire de peu et *vivre plus*.

abondance du 308ème jour
4 novembre

la seule façon d'avoir plus
c'est d'arrêter
s'en tenir à moins

luxuriance du 309ème jour
5 novembre

on n'a pas besoin d'être riche pour voyager

j'entends souvent les gens me demander comment je fais pour voyager *sans compter*. "elle doit être riche" doivent-ils penser. la vérité, c'est que oui, je suis **plus riche que je ne l'ai jamais été**, mais pas de la manière dont vous pensez. j'ai mis de l'argent de côté en partant pour pouvoir payer mon billet aller et le reste, c'est la vie qui s'en est chargée. il n'y a pas de recette miracle, comme tout le monde, il faut travailler. j'ajouterai qu'il ne faut pas avoir peur. vous allez sortir de vos sentiers habituels du métier, vous allez mettre les pieds dans des lieux que vous n'auriez jamais pu imaginer. je me suis retrouvée entourée d'étrangers venus de toutes les nationalités, j'ai ramassé des pommes de terre jusqu'à la nuit tombée, je me suis réveillée aux aurores pour tailler des vignes un hiver durant, j'ai nettoyé des sanitaires douteux, je me suis prise des déjections de vache dans les yeux et... j'ai continué. malgré les heures et le temps, malgré la fatigue qui t'assaille par moment. parce que c'est aussi ça, le fait de voyager, *il faut le mériter*. alors j'aimerais répondre à ces gens que oui, je suis riche. je suis riche de toutes ces expériences, ces gens, ces choses que j'ai apprises et transmises. je suis riche de cette vie qui m'a tout appris.

prospérité du 310ème jour
6 novembre

la richesse ?

c'est de ne plus rien avoir
parce que pour la première fois
tu es libre

cris du 311ème jour
7 novembre

je les entends
ils hurlent
à travers le vent
ils m'appellent
m'emmènent
vers les horizons lointains
l'évasion à portée de mains

gift du 312ème jour
8 novembre

être libre :

le plus beau cadeau d'un voyageur

électuaire du 313ème jour
9 novembre

le fait de voyager nous retourne complètement

on est là, devant ce panorama à peine croyable tant il regorge de beauté avec cette personne que l'on vient de croiser. le temps d'une randonnée mille plans sont nés et les jours se sont trop vite écoulés. chaque jour est un changement, une nouvelle direction. on pense être préparés et savoir ce que l'on va affronter, mais on ne peut jamais être vraiment prêts. c'est encore plus fort, plus intense que dans nos pensées et ça nous retourne les tripes. ce sont des émotions si puissantes que l'on veut les revivre, encore et encore. toujours un peu plus. chaque jour qui passe, on tombe un peu plus amoureux de l'aventure et des sensations qu'elle procure. mais lorsque l'on s'arrête, notre esprit lui s'entête. il repart déjà au-delà des frontières et traverse à grand pas l'imaginaire. il invente et chante la mélodie de lieux inconnus aux parfums de roses qui n'existent déjà plus. parce que c'est ça le voyage, il vous traverse, vous transperce, vous retourne et *reste*. il vous remplit par la vie.

— *la drogue de l'évasion*

souvenirs du 314ème jour
10 novembre

raconter
pour le revivre
à l'infini

— *memories*

intensité du 315ème jour
11 novembre

"vous savez ce qui m'a renforcée pendant tous mes voyages ?" dit-elle soudainement.

"c'est cette force qui se dégage de chaque lieu, cet amour indescriptible du pays porté par ses habitants. passer du temps avec les locaux, leurs coutumes et leurs habitudes. observer, apprendre et partager. c'est comme si en les rencontrant eux, je rencontrais réellement le pays. je m'imprégnais de lui à chaque main tendue, chaque sourire, chaque regard, chaque échange. c'est perdue au bout du monde dans une tribu que je me suis rendue compte d'une chose : un endroit peut être appris. et cet endroit, il peut devenir *une partie de toi*."

revers du 316ème jour
12 novembre

je sais comment partir
dorénavant
mais à présent
je ne sais plus comment *rester*

baiser du 317ème jour
13 novembre

on dit que chaque voyage te transforme
on dit qu'ils sont beaux, qu'ils sont forts
mais c'est n'est pas qu'un simple "on dit"
quand un voyage dure une vie
il devient une éternité
il s'allonge au fil du temps
chaque instant se grave
chaque moment s'accroche
je vois l'eau, les vagues qui m'appellent
j'y vois mes pieds s'y noyer, bercés par le courant
l'air marin caresse ma peau
le sel s'attarde sur mes lèvres
souvenir d'un baiser d'hier
mon corps s'imprègne
s'abandonne à chaque lieu
chaque souffle, chaque seconde
il s'accorde, il disparaît presque
je deviens l'endroit
comme un murmure laissé dans le vent
un baiser envolé qui reste collé malgré toi

aspiration du 318ème jour
14 novembre

peu importe le temps que ça me prendra
j'irai dans cet endroit
celui qui m'appelle en tendant ses bras

parie du 319ème jour
15 novembre

je vois de la beauté
dans les éléments déréglés
un cœur biscornu
ou des idées farfelues

tu m'appelles folle
je te dis rêveuse

je parie sur moi
quand tu ne le fais pas
regarde-moi tomber en bas
et me redresser haut-delà

appelle-moi courageuse

éloquence du 321ème jour
17 novembre

PRATIQUE UN ART

je conseille à tout le monde de pratiquer un art, peu importe lequel. joue du piano, peins des ciels imaginaires, danse sous la pluie. écris des poèmes que personne ne lira, modèle la terre au creux de tes mains, fais vibrer ta voix sur scène. pourquoi tu me diras ? parce que l'art est une porte vers toi-même. un passage secret vers ce qui sommeille en toi. laisse-le t'apprendre à te libérer, à t'accepter, à transformer l'invisible en tangible. laisse-le te guider vers ce que tu es, ou vers ce que tu ignores encore de toi. alors choisis, prends un art au hasard et *délivre ton cœur*.

talent du 322ème jour
18 novembre

je n'ai jamais su jouer du piano
la musique ne résonne pas en moi
mais quand j'entends ses notes
celles de l'étranger derrière moi
je ne peux m'empêcher de frissonner
la gare entière s'est arrêtée pour l'écouter
lui et son cœur
évasion bonheur

sculpture du 323ème jour
19 novembre

i'm not a writter
i'm a dreamer
je te dessine des mots
pour inventer un monde nouveau

faille du 324ème jour
20 novembre

passage secret vers une autre planète

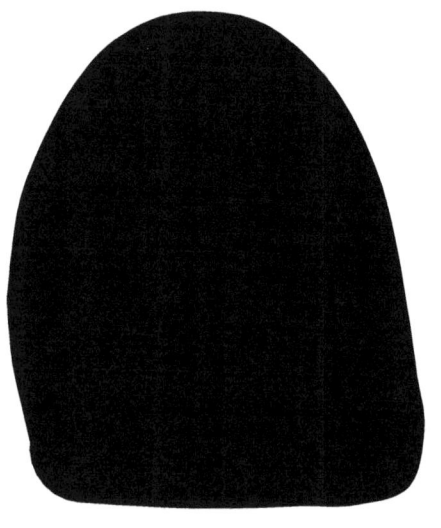

n'oublie pas de laisser ton petit soleil intérieur t'éclairer

fuite du 325ème jour
21 novembre

je ne le savais pas encore, mais
je ne suis pas simplement partie
j'ai fui
j'ai fui la routine, les énergies négatives, la tristesse
de la pluie, les journées qui se ressemblaient,
inlassablement

en faisant ce choix, j'ai choisi la vie
tous les jours, au gré de mes envies
elle est impermanente et changeante
imprévisible aussi
mais elle aussi forte, décuplée et accentuée
comme jamais je ne l'avais ressentie auparavant

passion du 326ème jour
22 novembre

je suis tombée amoureuse de la vie

pouvoir du 327ème jour
23 novembre

ils lui ont demandé

"c'est quoi ton super pouvoir ?"

elle leur a répondu

"mon esprit est aussi clair que l'eau de la rivière, mon âme est pure comme celle de la nature et mon bonheur, je le crée.
je suis *heureuse*.
et vous, c'est quoi vos super pouvoirs ?"

rainbow du 328ème jour
24 novembre

rappelle-toi qu'il y a toujours
un arc-en-ciel
suspendu au-dessus de ta tête

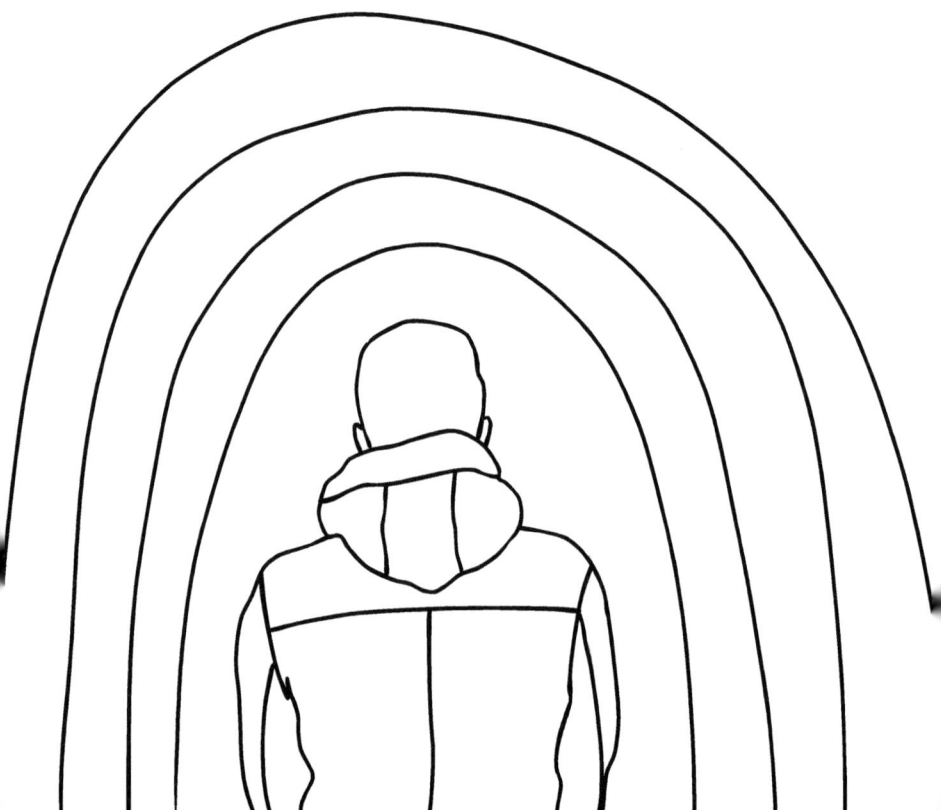

fenêtre du 329ème jour
25 novembre

voyager me rend heureuse

pour moi, le voyage est la meilleure des thérapies. mon esprit s'aère et change d'air. mon cerveau se met en pause et mes poumons s'emplissent d'un oxygène nouveau. on dirait presque que le monde est soudainement serein. je suis loin et pourtant si bien. tout change, s'arrange, se bouscule et s'arrête brusquement. je ferme les yeux et je respire un instant. j'inspire, j'expire. il est temps de les réouvrir. tout est si beau, si simple. mon esprit me sourit et ose doucement éprouver une sensation désormais familière. dès que je suis partie, je pouvais le sentir vibrer dans tout mon être.

— *le bonheur est à votre fenêtre*

plaisir du 330ème jour
26 novembre

s'il te plaît
ne t'arrête jamais de parler
des choses qui te passionnent

cactus du 331ème jour
27 novembre

tu veux savoir comment je me suis trouvée ?

je me suis mise en danger
dans des endroits où jamais
je n'aurais pensé mettre les pieds
c'est dans l'inconfort que j'ai compris
il faut se piquer
pour trouver qui l'on est

ancre du 332ème jour
28 novembre

je crois que le voyage m'a *transformée*
je suis devenue une personne *ancrée*

je me sens à ma place
je profite de l'instant présent
je passe à l'action
je me sens bien dans mon corps
je suis sereine et confiante
je prends soin de moi
je prends le temps de comprendre mes émotions

je sais *qui je suis*

film du 333ème jour
29 novembre

en plusieurs années de voyages
je ne comprends toujours pas

ce que la plupart des gens vivent en années
je l'ai vécu en une poignée d'heures seulement

toutes ces choses que j'ai vécues
comment admettre toutes ces folies ?

je vois parfois mes souvenirs défiler
comme un spectateur devant sa télé

est-ce bien réel ?
je crois bien que oui

et tout ça
c'est ma vie

montre du 334ème jour
30 novembre

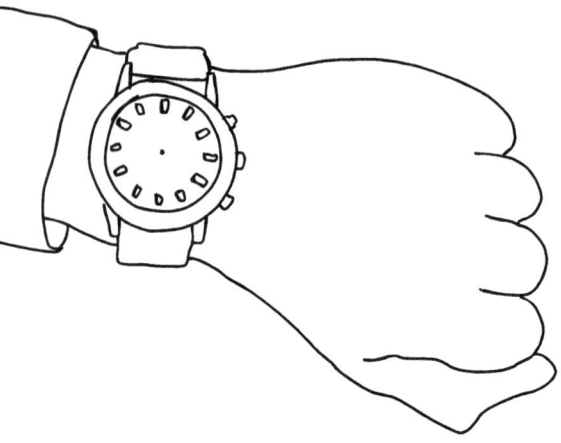

le temps passe et s'efface
le temps reste et se gravite dans nos souvenirs
il arrive, puis dérive comme un souffle égaré
le temps ne connaît ni début ni fin
le temps, insaisissable
finit par perdre ses aiguilles

voyage voyage du 335ème jour
1er décembre

et si je rêve de voyages est-ce que je suis déjà en voyage ?

ressources du 336ème jour
2 décembre

travelling is to add
more possibilities
to your life

ralentissement du 337ème jour
3 décembre

PRENDS LE TEMPS

au début d'une nouvelle aventure, tout est incroyable, merveilleux et invraisemblable. on se croirait dans une autre réalité, loin par-delà les nuages. et plus le temps passe, plus on s'habitue. jusqu'à ce que ça en devienne "normal". avec la pluie, on ne voit plus que le gris et on oublie la chance que l'on a. on continue d'avancer par monts et par mots sur de simples cours d'eau. mais dès que la rivière s'arrête, on se rend réellement compte de ce que l'on avait. tous ces moments uniques passés… nous, face à la grandeur de la nature, si petite dans ce versant du monde. chaque instant était précieux, chaque endroit, chaque rencontre, chaque échange.

alors ce que je peux vous conseiller, c'est de prendre le temps, ne jamais s'habituer. parce que la vie a tellement à nous offrir, tellement à nous apprendre.

stéthoscope du 338ème jour
4 décembre

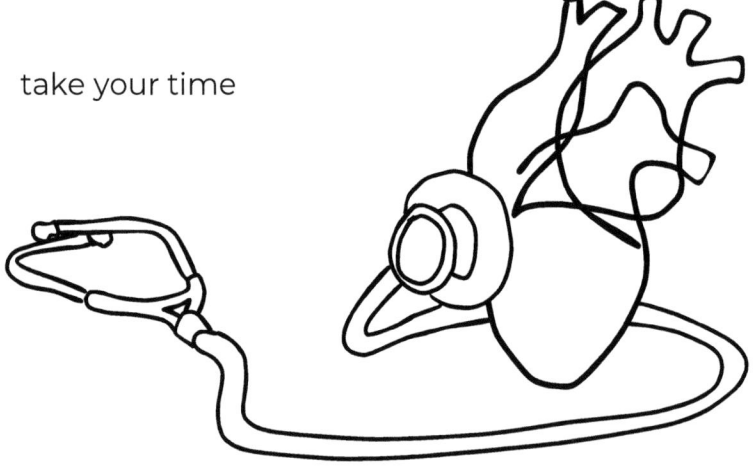

take your time

listen to your heart

décalage du 339ème jour
5 décembre

c'est étrange cette sensation, de se sentir en décalé. je veux rentrer là où rien n'a changé, ma famille, mes amis et mon ancienne petite vie. mais entre-temps, je suis partie et j'ai eu mille vies. j'ai vu, j'ai entendu et j'ai partagé, sans ne plus savoir m'arrêter. j'ai grandi, j'ai appris et j'ai changé. je ne suis plus la même petite fille que j'étais quand je suis partie. une part de mon âme est restée dans tous ces endroits éternels, ces étrangers que j'ai croisés. alors comment faire pour rentrer en sachant que plus jamais rien ne sera pareil ?

dimension du 340ème jour
6 décembre

dans un autre univers
j'ai encore sept ans
et rien n'est encore arrivé

exil du 341ème jour
7 décembre

où est ta vie
ni chez toi
ni ici
transition
évasion
infinie

interrogation du 342ème jour
8 décembre

est ce que je peux m'évader continuellement ?

retour du 343ème jour
9 décembre

aujourd'hui je rentre à la maison
des souvenirs plein la tête
et une sensation inexprimable

la fierté
je suis fière de moi
fière et heureuse

un sourire gravé
et une pensée en suspens
'j'ai eu le courage de le faire'

aujourd'hui je ne rentre pas seulement
je continue de voyager

— *évasion à la maison*

pousse du 344ème jour
10 décembre

ton voyage vient de se terminer
mais le voyage de la vie lui
continue

lutte du 345ème jour
11 décembre

j'ai dix-neuf quand je ferme les paupières
je les réouvre six années plus tard
et me voilà de retour chez moi
dans cette vie normale que j'ai toujours connue
je reprends petit à petit mes habitudes
je le sens
le voyage me manque déjà
mais en y réfléchissant
je crois que ce n'était pas lui
c'était l'état d'esprit dans lequel j'étais
qui me manquait
alors je me suis battue
pour garder cette liberté
parce que le voyage ce n'est pas un lieu
c'est une façon d'être

— *le combat en vaut la peine*

rappel du 346ème jour
12 décembre

REMINDER

la fin est aussi le début

notification du 347ème jour
13 décembre

j'ai un message pour toi
si tu n'oses pas franchir le pas
essaye
tu perds quoi ?

note du 348ème jour
14 décembre

tu peux le faire

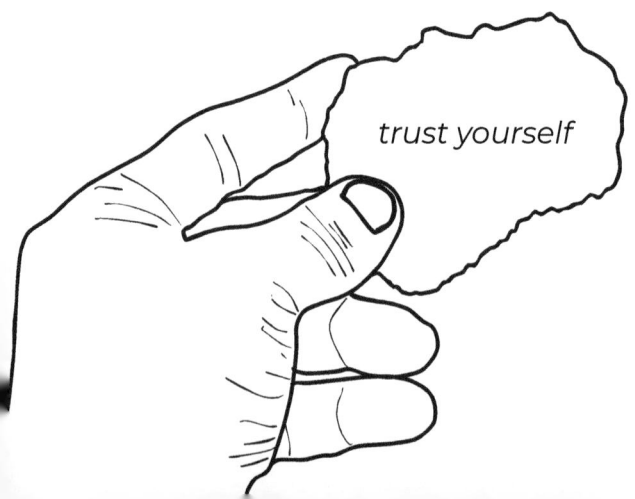

jump du 349ème jour
15 décembre

il faut choisir :

la chaleur de ce qu'on connaît
ou le frisson de ce qu'on est *vraiment*

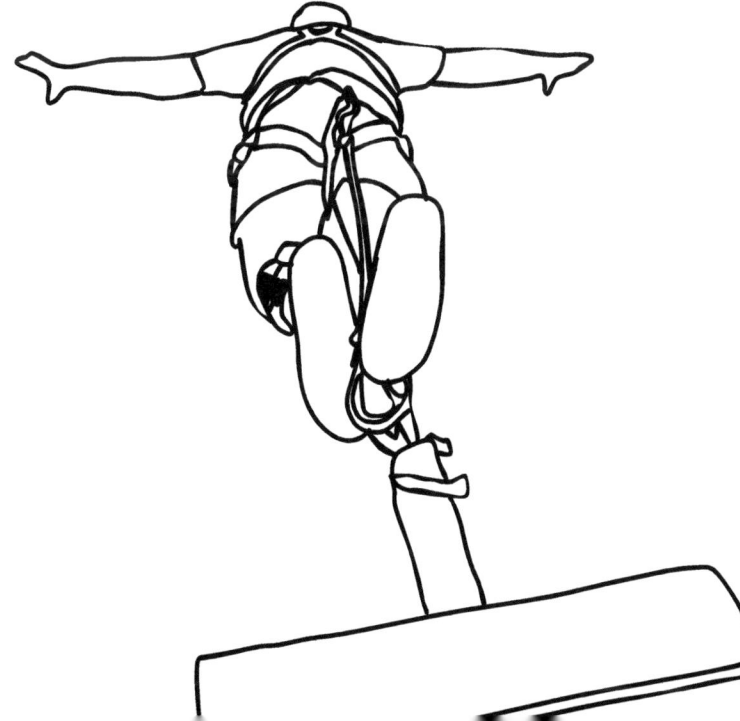

question du 350ème jour
16 décembre

c'était quand la dernière fois que tu as fait quelque chose pour la première fois ?

sentiers du 351ème jour
17 décembre

cher backpacker,
pars, sors des sentiers battus,
laisse-toi guider par l'inconnu.
sois curieux, attentif.
écoute le monde, observe ses
détails, prends le temps de le
comprendre.
voyage autrement, sans crainte,
car rien ne sera plus enrichissant.
mais sache-le...
revenir sur la route après une
telle aventure ne sera pas facile.
les chemins que tu as foulés
t'appelleront, les horizons te
murmureront de repartir.
une part de toi restera à jamais
là-bas.

mais ne t'en fais pas...
ce voyage t'aura tout donné,
tout ce qu'il te faut pour avancer.

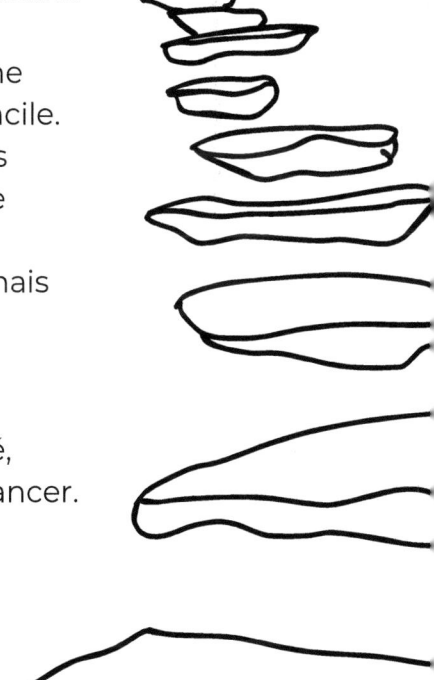

parenthèse du 352ème jour
18 décembre

(offre-toi une parenthèse de plusieurs mois
pour être plus alignée avec toi
tes envies
et ce que tu feras quand tu rentreras)

diplôme du 353ème jour
19 décembre

je vois le voyage comme une école. seulement, elle est bien différente de celle où l'on va enfant. dans celle-ci, on a envie d'aller y apprendre la vie. il n'y a pas de règles ou de professeurs imposés, mais autant d'apprentissages que de personnes rencontrées. et comme à l'école en sortant, on est plus grand, plus évolué en âge comme en maturité. on a traversé une multitude de phases, d'émotions, de relations, d'introspections, de discussions pour en arriver là. alors j'aimerais nous féliciter parce que cette école, elle ne suit aucun protocole. et pourtant, j'ai le sentiment puissant que je n'ai jamais appris autant.

c'est avec une grande joie que je vous apprends l'obtention de votre BAC V :

apprentissages du 354ème jour
20 décembre

j'aime ce que le voyage a fait de moi :

je veux quelque chose ?
je vais faire en sorte de l'avoir.
il y a un problème ?
je vais trouver une solution.
je suis perdue dans un nouvel environnement ?
je vais m'adapter.
je ne connais personne ?
je vais me faire de nouveaux amis.
j'ai peur ?
je vais y faire face.
je suis seule ?
j'apprécie ma solitude.

yes du 355ème jour
21 décembre

DIS OUI

si tu hésites, écoute ce qui palpite en toi.
ne réfléchis pas trop, *ressens*.

quand on t'ouvre une porte,
c'est que quelque chose t'attend derrière.
Il n'y a ni honte ni peur à dire oui.

le pire qui peut t'arriver ?
une expérience que tu n'oublieras pas.
peut-être qu'elle te bousculera,
qu'elle t'éloignera du confort.
peut-être qu'elle te laissera un goût d'inconnu,
une envie d'ailleurs.

mais quoi qu'il arrive, elle t'aura fait grandir.

alors ose.
dis oui au voyage, à l'inattendu, à l'imprévu.
dis oui à la vie, dis oui au monde.

formes du 356ème jour
22 décembre

embrasse le changement
caresse ses transitions
danse avec ses infidélités

quête du 357ème jour
23 décembre

si un jour tu ne sais pas quoi faire de ta vie, pars à ta poursuite. pars et apprends à devenir la meilleure version de toi-même : sois heureuse, présente, ancrée, confiante, saine, guérie. et sans que tu t'en aperçoives, la vie te mènera exactement là où tu voudras.

— à la poursuite de toi

étoile du 358ème jour
24 décembre

around the wanders of the cosmos
another star just joined the univers

you

partage du 359ème jour
25 décembre

le monde est rempli de personnes bienveillantes
alors maintenant, c'est ton tour
à toi de le découvrir

définition du 360ème jour
26 décembre

k a i r o s

grec

le moment parfait, délicat, crucial, la justesse fugace du temps et du lieu qui crée l'atmosphère propice aux actions, aux paroles ou aux mouvements

exhalation du 361ème jour
27 décembre

génération
d'émotions
contradictoires

tu veux
mais tu ne veux pas
tu peux
mais tu ne peux pas
tu es
mais tu n'es pas

alors exprime toi
parle
écris
dessine
voyage
parce que dans le fond
c'est ça *la poésie*

méditation du 362ème jour
28 décembre

ressens cette sensation de liberté infinie
d'épanouissement sans égal
de connexion avec la nature
ressens ton corps
se recoller à ton esprit
prends conscience du moment présent

narration du 363ème jour
29 décembre

chaque histoire
compte

elle forme une partie
de *qui tu es*

une personne
différente et unique

récit du 364ème jour
30 décembre

atterrissage du dernier jour de l'année
31 décembre

je peux le dire
"j'ai changé"

et toi, qu'est-ce qui t'as transformé(e) ?

atterrissage du dernier jour de l'année
31 décembre

je peux le dire
"j'ai changé"

et toi, qu'est-ce qui t'as transformé(e) ?

si tu veux me le partager, j'en serais très touchée.
tu peux m'écrire ici : plumeitinerante@gmail.com

le voyage ne s'arrête jamais.
il continue en toi,
dans chaque regard posé sur le monde,
dans chaque souffle, chaque pas, chaque rencontre.

parce que partir, ce n'est pas fuir...
c'est apprendre à mieux revenir.

remerciements

j'aimerais, tout d'abord, remercier mes parents. c'est grâce à eux si j'ai eu tous les outils dans ma vie pour m'épanouir. grâce à leur ouverture d'esprit et leur mode de vacances plutôt baroudeur, j'ai très vite trouvé ma voie dans le voyage.

j'aimerais également crier un giga MERCI destiné à ma mère pour m'avoir transmis sa passion de la lecture et d'une certaine façon, de l'écriture. merci pour toutes ces heures de correction passées sur mon livre. qu'est-ce qu'on ne ferait pas sans une maman institutrice ?

ensuite, je voudrais faire un petit clin d'œil à toutes les personnes que j'ai croisées pendant mes aventures. chaque rencontre, chaque partage, chaque sourire ont été une inspiration, une poésie, une évasion. merci pour votre présence. à toutes ces choses que nous avons vécues et à toutes celles qui nous restent encore à vivre.

remerciements

j'aimerais également remercier mon compagnon de voyage devenu mon copain, mon meilleur ami, mon confident, mon collègue, mon conseiller, *ma maison*. merci de m'accompagner tous les jours pour devenir la meilleure version de moi-même.

je voudrais également remercier tous mes petits lecteurs sans qui ce livre aurait été bien différent. merci pour vos retours et votre temps. un merci tout spécial à Marie, qui m'a accompagnée tout au long des étapes de mon livre et m'a grandement aidée.

enfin, j'aimerais remercier tous ceux qui me suivent et me soutiennent dans mes projets. merci d'être arrivé jusque-là, à mes côtés. merci à toi, merci à vous. chacune de vos lectures me fait un petit quelque chose dans le cœur.